무엇이 최고의 조직을 만드는가

기업의 미래를 좌우하는 조직문화의 힘

무엇이 최고의 조직을 만드는가

한근태 지음

미래의창

서문

우리는 종종 하는 말에 대해 생각하지 않고 습관적으로 말할 때가 있다. 매일 같이 조직문화의 중요성을 강조하며, 조직문화가 직원을 일하게 하고 성과를 내게 만든다고 말한다. 그래서 어느 기업이나 조직문화팀, 기업문화팀 혹은 인사팀을 그렇게 부르거나, 인사팀 아래 별도로 조직문화만을 전담하는 팀을 둔다. 그런데 그들은 조직문화에 대해 얼마나 알고 있을까? 얼마 전 모 은행의 기업문화팀에서 일하는 사람을 만났다. 그에게 팀의 역할이 무엇인지 물어보니 '행장의 행사를 주관하고 보필하는 것'이라고 대답했다.

나는 오랫동안 수많은 조직을 다니면서 강의와 자문을 했다. 그러다 보니 그만큼 많은 경영자들을 만나 이야기를 나눌 수 있었다. 놀라운 건 내가 만나온 사람의 수만큼 그들의 생각이나 분위기가 모두 달랐다는 것이다. 어느 조직의 분위기는 활기차고, 웃음이 가득하고, 왁자지껄해서 나도 그곳에서 근무하고 싶다는 생각이 들 정도였다. 반대로 적막하고 침묵이 흐르며, 누구 하나 말하는 사람 없이 직원 모두 컴퓨터 화면만 뚫어지게 보는 조직도 있다. 그들을 보면 '만약 컴퓨터가 없으면 그들은 어디를 보고 있을까'라는 생각과 함께 보는 나도 숨이 막힐 듯한데, '일하는 그들은 얼마나 답답할까'라는 생각이 든다. 나는 강의를 마치고 그 회사를 나오고 나서야 편하게 숨을 쉴 수 있었다.

이 책은 조직문화에 관한 책이다. 나는 조직문화가 도대체 무엇인지, 과연 기업 성과와 연관이 있는지, 좋은 조직문화를 가진 회사는 어떤 곳이고 그게 제대로 작동하려면 무엇이 필요한지 알고 싶었다. 조직문화를 바꿔야겠다는 말을 자주 들으면서 과연 조직문화를 바꿀 수 있는지, 만약 바꿀 수 있다면 어떻게 바꿔야 하는지도 궁금했다. 사람들에게 조직문화가 무엇인지 물어보면 무엇을 해야 하고 하지 말아야 하느냐에 대한 '보이지 않은 율법', '조직이 가진 습관', '상사가 없을 때 직원들의 행동', '3개월 있으면 더 이상 이상하게 느껴지지 않는 것' 등 그 대답도 참 다양하다. 여러 기업 강의와 경영자와의 만남을 통해 내가 알게 된 조직문화는 '그렇게 행동할 수밖에 없게 만드는 조직의 분위기'다.

그렇다면 조직의 분위기는 누가 만드는 것일까? 바로 주인이다. 집안 분위기는 안주인의 분위기를 반영하듯, 회사 분위기도 CEO의 분위기에 달려 있다. CEO의 캐릭터가 조직 전체에 스며들어 문화가 된 것이 조직문화다. 그런 면에서 생각하면 CEO가 조직문화를 바꾸라고 하는 건 어딘가 좀 이상하다. 조직문화가 CEO 그 자체인데, CEO만 변하면 될 일이지 않을까? 태스크포스를 만들어 힘을 빼는 건 어찌 보면 비생산적인 일이다.

조직문화의 중요성을 이야기할 때 성과와의 연관성에 대해 많이 언급한다. 조직문화가 기업의 성과를 좌우한다고 말한다. 과연 그럴까? 물론 조직문화가 중요하긴 하지만 전부라고 할 수는 없다. 조직문화가 좋다고 늘 성과가 좋은 건 아니다. 반대로 조직문화가 나쁘다고 해서 회사가 망하는 것도 아니다. 조직문화는 한 단면일 뿐이다. 기업의 성공과 실패의 수많은 원인 가운데 하나다. 하지만 큰 역할을 하는 것임에는 분명하다. 외부 환경에 맞춰 신규 전략을 실행하거나 조직 전체를 정비하려 할 때 조직문화 개선 없이는 안 된다. 조직문화는 기업의 바탕이자 뿌리로 기업이 혁신할 때 꼭 뒷받침되어야 한다.

조직문화는 거대 담론이다. 이런 거대한 주제에 관해 이야기할 만큼 내 내공은 깊지 않다. 그래서 이 책에서는 존 코터를 비롯한 저명한 학자들의 이야기를 소개하고, 여러 회사의 조직문화를 예로 들었다. 이를 통해 현재 조직문화를 돌아보고 어떻게 개선하고 구축하면 좋을지 팁을 얻을 수 있을 것이다. 이 책이 조직문화에 갈증이 있거나, 바꾸고 싶은데 한계를 느끼는 분들에게 도움이 되었으면 하는 게 나의 작은 바람이다.

한근태

차례

서문 • 4

왜 조직문화인가

위대한 기업은 하루아침에 만들어지지 않는다 • 13
히든 챔피언 강국을 위하여 • 19
일하고 싶은 기업, 구글의 3대 문화 • 24
일단 즐거워야 한다 • 29
내적 동기의 힘 • 36
좋은 문화가 좋은 성과를 가져온다 • 41
양날의 검 • 46

성공하는 조직의 문화는 무엇이 다른가

질문하고 저항하고 토론하라 • 53
쉽지 않은 길 • 59
촉이 발달한 조직 • 66
책상 위의 보고서를 믿지 마라 • 72
창의력은 함께할 때 나온다 • 77
배의 조타수를 잡지 마라 • 82
조직의 성과를 이끄는 키 • 88

변화 없이 성공할 수 없다

7가지 조직문화 유형 • 95
조직문화 개선 모델의 3대장 • 103
삼성에는 없고 아마존에는 있는 것 • 110
변화의 첫 단계, 진단 • 116
변화는 애자일하게 • 122
문화는 사람이 만든다 • 127
세상에 나쁜 문화는 없다 • 132

조직을 성공으로 이끄는 결정적 차이

송파구에서 일 잘하는 방법 • 141
공유는 구축의 기초다 • 147
문화를 시스템화해라 • 153
채용과 배치의 중요성 • 158
제대로 된 평가가 제대로 된 문화를 만든다 • 163
공간을 바꿔라 • 169
숫자 대신 문화를 이야기하라 • 175

성공적인 조직문화를 위한 리더의 역할

만드는 것인가, 만들어지는 것인가 • 183
똑똑한 리더의 치명적 착각 • 189
인재의 밀도를 높여라 • 197
앞바퀴가 이끌어야 뒷바퀴가 움직인다 • 202
리더의 그릇 • 209
조직은 리더를 닮는다 • 214
손다꾸 문화 • 220

왜 조직문화인가

위대한 기업은 하루아침에 만들어지지 않는다

세계적인 경제지 《포천》은 2002년 500대 기업 중 15년 동안 일정 수준 이상의 이익을 내고 성장한, 주가가 평균보다 3배 이상 오른 11개 기업을 위대한 기업Great Company으로 선정했다. 이는 업계 전체의 성장과는 관계가 없는 것으로 그만큼 선정 조건이 까다로웠다. 그래서인지 20년이 지난 지금도 8개 기업이 살아남아 있다. 이렇게 까다로운 조건을 통과한 위대한 기업을 살펴보면 우리가 생각했던 이상적인 기업과는 거리가 있다. 킴벌리 클라크Kimberly-Clark, 애벗

Abbott, 필립 모리스Philip Morris, 서킷 시티Circuit City, 뉴커Nucor 등으로 이들 기업의 공통점은 리더가 없고, 선정적인 슬로건이나 그럴듯한 구호도 없다는 것이다. 이들은 본질적인 문제, 밖에서는 보이지 않지만 정말 중요한 문제에만 집중한다. 위대한 기업의 특징을 좀 더 살펴보자.

첫째, 단계5 리더십을 가지고 있다. 이들은 개인적 겸양과 직업적 의지를 융합하여 지속적인 성과를 낸다. 카리스마 있는 강인한 리더보다는 수줍어하고, 나서길 싫어하며, 조용한 리더다. 겸손하면서도 의지가 굳고, 변변찮아 보이지만 두려움이 없다. 일이 잘 풀릴 때는 창문 밖을 내다보며 다른 요인으로 이를 설명한다. 다른 요인이 없을 때는 행운 탓으로 돌린다. 반면에 일이 어려울 때는 안에서 이유를 찾는다. 자신에게 책임을 돌리고 운을 탓하지 않는다. 미국의 제지회사 킴벌리 클라크의 다윈 스미스Darwin E. Smith 전 CEO는 전체시장에 비해 주가가 30%나 떨어진 회사를 세계 최고 제지회사로 탈바꿈시킨 사람이다. 그는 CEO 취임 후 두 달 만에 암 진단을 받고 길어야 1년밖에 남지 않았다는 말을 들었지만, 그 이후로 25년을 더 살았고, 그중 20년은 킴벌리 클라크를 이끌었다. 그는 이렇게 말했다.

"저는 직무에 적합한 사람이 되기 위해 끊임없이 노력했습니다."

둘째, 사람을 먼저 생각하고 그다음에 할 일을 정한다. 사람이 가장 중요한 자산이냐는 질문에 철강회사 뉴커의 임원은 다음과 같이 말했다.

"사람이 가장 중요한 자산은 아니다. 회사에 적합한 사람만이 가장 중요한 자산이다. 적합하지 않은 사람은 오히려 부채다. 출신학교, 기술, 전문 지식, 작업 경험보다 품성이 더 중요하다. 다른 것은 가르칠 수 있지만 성격, 노동 윤리, 헌신적인 책임 완수, 가치관 같은 것은 타고 나는 면이 강하기 때문이다."

회사에 적합한 사람과 일을 하면 변화에 쉽게 적응할 수 있다. 변화의 필요성과 각자 할 일에 대해 서로 목청 높일 필요가 없다. 사람들에게 어떻게 동기 부여하고 사람들을 어떻게 관리해야 하는지의 문제가 사라진다. 반대로 부적합한 사람들과 일할 경우, 올바른 방향의 여부는 문제가 되지 않는다. 그런 것에 관계없이 그들은 반대하기 때문이다. 그러므로 비전보다 사람이 중요하다. 버스를 타고 어디로 갈 것인지 생각하기에 앞서 적합한 사람을 먼저 버스에 태우는 것이 중요하다.

셋째, 냉혹한 현실을 직시한다. 강력한 카리스마를 가진 리더는 냉혹한 현실을 걸러서 이야기할 가능성이 높아 기업의 부채가 될 수 있다. 인간은 자신에게 유리한 정보만을 가지려 하기 때문에 사실을 있는 그대로 본다는 것은 힘든 일이다. 하지만 부정적인 정보야말로 더 생생하게 전달되어야 한다. 그러기 위해서는 진실이 오고 가는 분위기를 만들어야 한다. 자기 부족을 인정하고 겸손한 마음으로 질문을 던지고, 대화에 참여하며 토론해야 한다. 위대한 기업은 열띤 토론, 유익한 논쟁을 한다.

넷째, 허세를 부리지 않는다. 말도 안 되는 목표나 비전은 구성원의 냉소를 살 뿐이다. '무엇을 목표로 삼는가'보다 '어떻게 목표를 정하는지'가 더 중요하다. 기업이 열정을 가지고 있는 분야, 돈이 되는 분야, 최고가 될 수 있는 분야의 공통분모에서 목표를 정하는 게 좋다. 위대한 기업은 자신들이 최고가 될 수 있는 분야와 절대 최고가 될 수 없는 분야를 잘 알고 있다. 이것은 목표의 문제가 아니라 이해의 문제다. 그들은 그런 이해를 바탕으로 목표와 전략을 세운다.

위대한 기업은 자신들이
최고가 될 수 있는 분야와 절대 최고가
될 수 없는 분야를 잘 알고 있다.
이것은 목표의 문제가 아니라
이해의 문제다. 그들은 그런 이해를
바탕으로 목표와 전략을 세운다.

위대한 기업은 하루아침에 이뤄지지 않는다. 극적으로 보이는 전환도 실은 끊임없는 노력의 결과가 겉으로 드러난 것이다. 그들에게 기적의 순간이란 없다. 최고의 결과를 위해 할 일이 무엇인가 생각하고, 플라이휠을 돌리듯 한 바퀴 한 바퀴 나아가는 과정이다. 오랜 기간 한 방향으로 플라이휠을 돌리다 보면 어느 시점에서 돌파점breakthrough을 통과하게 된다. 하룻밤 새에 일어나는 일은 없다.

히든 챔피언 강국을 위하여

히든 챔피언Hidden Champion이란 말을 들어본 적 있는가? 1990년 경영학 분야의 세계적인 석학 헤르만 지몬Hermann Simon이 처음 개념화한 용어로 대중에게 잘 알려져 있지는 않지만, 높은 매출액과 함께 해당 분야에서 세계를 석권하고 있는 기업을 말한다. 독일은 히든 챔피언을 가장 많이 보유한 국가로 1,350개나 된다. 독일이 히든 챔피언 강국이 될 수 있었던 비결에는 뛰어난 혁신 능력이 있다. 독일의 스타트업들은 매출액의 5.9%를 연구개발에 쓸 정도로 연구개발에 엄청난 투자를 한다. 이를 바탕으로 시장성 있는 제품을 만드는데, 그 과정에서 다른 부서와 협조를 잘한다. 한 번에 완벽한 제품을 만들려고 무리하기보다는 조금씩 꾸준히 개선해나간다. 고급 가전제품을 생산하는 밀레Miele의 구호를 보면 알 수 있다. 바로 "항상 더 나은Immer Besser"이다. 끊임없는 작은 개선을 통해 완벽의 상태에 가까이 가고 있다는 뜻이다.

이렇듯 기업이 혁신하기 위해서는 투자가 매우 중요한데, 그보다 더 중요한 건 올바른 두뇌, 리더십 그리고 과정이다. 그중에서 가장 중요한 건 리더십으로, 예일대학교 교수 폴 케네디Paul Kennedy는 이렇게 말했다. "제2차 세계대전 당시 연합군의 압도적인 인적·물적 자원 앞에서 독일군이 그토록 오랫동안 잘 싸운 것은 경이로운 일이다." 실제 히틀러는 1941년 12월 11일 미국에 선전포고를 하고 그로부터 3년 6개월 후인 1945년 5월에야 항복했다. 미국, 소련, 영국을 주축으로 한 연합군의 엄청난 인적·물적 우위에 맞서 42개월이나 버틴 것이다. 독일군은 긴 전쟁 기간 내내 한결같이 최강의 전투력을 발휘했는데 이는 독일과 싸운 모든 나라가 인정하는 부분이다.

독일이 열악한 상황에서도 나아갈 수 있었던 비결은

무엇일까? 바로 임무 중심적 지휘 시스템mission-oriented command system이다. 독일군의 지휘관들은 부하들에게 임무만 하달하고 그 수행을 위한 지시는 하지 않는다. 반면 미군의 지휘 시스템은 프로세스 중심적process-oriented으로, 지휘관이 수행해야 할 임무뿐 아니라 실행 지침까지 부하들에게 자세하게 지시한다. 독일에 히든 챔피언이 많은 이유도 이러한 리더십 때문이다. 이들은 우선순위와 목표만 확실히 정한 다음 실행을 위한 세부 사항은 직원들에게 맡긴다. CEO는 의사결정권자일 뿐 실제 일을 하는 사람은 직원들이므로 그들이 상사보다 어떻게 일을 해야 하는지 더 잘 안다고 생각한다. 개인의 솔선수범, 책임, 유연성 그리고 분권화된 의사결정을 중시하는 독일 특유의 리더십이 현대 경영에서도 그 진가를 발휘한 것이다.

그렇다면 한국을 히든 챔피언 강국으로 만들기 위해서는 어떻게 해야 할까? 첫째, 혁신 능력을 높여야 한다. 확실한 전문성 없이는 세계 최고가 될 수 없다. 전문성은 끊임없는 혁신을 전제로 한다. 둘째, 훌륭한 중소기업에서 경력을 키우거나 창업하는 것이 좋은 선택이란 인식이 널리 퍼져야 한다. 우리나라의 경우 스타트업 시장이 커지긴 했지만, 여전히 중소기업을 기피하고 대기업 취업을 원하는 경우가 많다. 하지만 히든 챔피언은 기업가 정신이라는 토양에서만 자랄 수 있다. 셋째, 국내에 우수한 히든 챔피언이 많아야 대기업에도 유리하다. 독일의 보쉬Bosch는 세계 최고의 자동차 부품회사로 그들이 국제경쟁력을 가질 수 있었던 건 수많은 히든 챔피언 덕분이다. 우수한 협력회사는 궁극적으로 대기업의 경쟁력을 키워준다. 넷째, 히든 챔피언이 나오도록 여러 개의 산업 클러스터가 있어야 한다. 산업 클러스터cluster 안에서 벌어지는 치열한 경쟁은 기업을 강하게 만드는 담금질이 된다. 실제 독일에서는 산업 클러스터가 히든 챔피언의 산실이다. 우리나라에는 대전에 있는 대덕연구단지가 좋은 본보기가 되고 있다. 카이스트 졸업생들이 큰 역할을 하는 전문화된 기업들이 속속 생기고 있고, 이들 중 상당수가 세계적인 회사로 성장할 전망이다. 이곳에서는 서로 협조하는 동시에 경쟁한다.

무엇보다 가장 중요한 건 열린 문화를 만드는 것이다. 지금까지의 전략이나 경영 방식에 대한 건설적인 비판을 허용하는 분위기, 새로운 아이디어 발상, 혁신적인 전략 및 경영 방식을 논의하고 경우에 따라서는 받아들이는 분위기를 조성하는 게 열린 문화를 구축하는 데 효과적이다. 이것은 조직 구성원의 경험이 다양하고 폭넓을 때 잘 이뤄진다. 특히 전문가는 경험의 포로가 될 위험성이 크므로 회사나 업계 바깥에 있는 사람들과 자주 만나는 것이 좋다. 체계적인 직무 순환, 해외 근무, 부서 간 잦은 접촉 등도 도움이 된다. 임원진들의 연령대를 다양하게 구성하는 것도 좋다. 나이가 비슷하거나 많은 편이면 과거 경험에서 벗어나기 어렵다. 임원 회의가 원로회의로 전락하면 곤란하다. 외부에서 인재를 영입하는 것도 경험의 덫을 피하는 중요한 수단이다. 경영자가 쌓아 온 경험은 기업의 소중한 자산이나 그것이 지배적인 판단의 잣대가 되어서는 안 된다. 한 치 앞도 예측하기 힘든 요즘 같은 시대에는 이기는 아이디어를 살펴보기 전에 경영자 스스로 자신을 점검해야 한다. 경영자는 언제나 자기 경험을 새로운 아이디어 보듯 비판적으로 겸허하게 돌아보는 것이 필요하다. 경영자의 그러한 아량과 안목이 그 어느 때보다 중요한 시대다.

문화의 다른 이름은 토양이다. 기업이 잘 자라기 위해서는 기업을 위한, 기업 덕분에 국가가 발전한다는 인식이 중요하다. 히든 챔피언은 철저한 토양의 결과물이다. 히든 챔피언 강국을 원하는가? 그렇다면 많은 젊은이들이 경쟁하고, 성장하고, 글로벌하게 나아갈 수 있도록 좋은 토양을 만들어줘야 한다. 그것이 조직문화다.

일하고 싶은 기업, 구글의 3대 문화

2022년 4월 취업포털 사이트 잡코리아에 따르면 직장인 10명 중 1명은 이직을 준비 중이다. 급하게 이직을 준비하는 것은 아니지만 수시로 채용 공고를 확인한다는 직장인은 57.7%로 절반을 넘는다. 특히 1년 차 직장인들이 "이직을 적극 준비하고 있다"는 응답률이 높았는데, 그 이유로 '워라밸 실현 불가능'을 가장 많이 선택했다. 이는 기업이 점점 고령화되어가고 있다는 걸 보여준다. 젊은 인재들이 빠져나가고 있다. 그들은 대체 어디로 가는 것일까?

동 사이트에 따르면 직장인의 72%가 스타트업 이직(취업)에 긍정적으로 답했다. 그 이유로는 높은 성장 가능성(43.7%)을 뽑았다. 이어서 수평적인 조직문화(38.0%), 자율적인 기업문화(30.1%) 순이었다. 누군가는 이런 결과에 대해 스타트업은 대부분 규모가 작기 때문에 자율문화가 가능하다고 말할 것이다. 틀린 말은 아니다. 규모가 커지면서 조직문화를 바로잡지 못해 실패한 사례들이 많았기 때문이다. 하지만 수평적이고 자율적인 문화를 유지하면서도 성장하는 기업은 존재한다.

세계적인 기업, 구글의 시작도 스타트업이었다. 1998년 스탠퍼드대학교의 두 대학원생이 차고에서 시작한 구글은 현재 전 세계 기업 시가총액 4위(2022년 2월 기준)다. 숫자가 보여주는 것처럼 엄청난 규모의 세계적인 기업으로 성장했지만, 여전히 일하고 싶은 기업 순위에서 상위권을 차지하고 있다. 어떻게 이게 가능했을까?

구글에는 3대 문화가 있다. 첫째, 실패를 용인하는 문화다. 이들은 실패보다 우물쭈물하다 놓치는 것을 더 두려워한다. 둘째, 직원 역량을 정확히 판단한다. 뛰어난 사람이 피해를 보고 엉뚱한 사람이 인정받는 걸 싫어한다. 셋째, 아이디어 쌓기다. 아이디어는 하루아침에 나오는 것이 아니므로 아이디어 축적에 공을 들인다. 검색엔진으로 시작한 구글은 그것만으로는 기업 성장에 한계가 있음을 느끼고 시장에서 살아남기 위해서는 끊임없이 변화해야 하는 혁신의 필요성을 깨달았다. 시장 변화에 따라 계속 새로운 사업을 시도해야 하고, 그에 맞춰 조직을 운영하지 않으면 그 기업은 죽은 기업이나 마찬가지라고 생각했다. 그리고 변화에 성공하기 위해서는 거기에 맞는 사람을 투입하고, 그들의 역량이 축적되어야 한다고 믿었다. 그 결과 '실패의 용인, 역량의 정확한 판단, 역량 축적'이 구글을 대표하는 3대 문화가 됐다.

구글은 이 조직문화를 실천하기 위해 두 가지 원칙을 세웠다. '끝까지 플랫flat하게 조직을 운영할 것'과 '의도적인 카오스chaos 상태를 유지하는 것'이다. 구글에는 R&R Role & Responsibility 같은 직무기술서가 없다. 그들은 일부러 긴장, 갈등, 지적 충돌을 일으키게 한다. 때문에 일이 다반사로 겹친다. 이런 과정을 통해 구글뉴스, 애드센스, 지메일 등이 탄생했다. 그렇다면 구글에서는 이를 위해 무엇을 가장 중요하게 생각할까?

첫 번째로 채용과 교육이다. 구글의 인재상은 가능한 넓은 배경을 갖고, 여러 가지 일을 소화할 수 있는 제너럴리스트다. 생각이 유연하고, 협력을 잘하고, 일을 즐기는 사람이다. 타이틀에 얽매이거나 완고한 사람은 원하지 않는다. 일을 잘할 사람을 찾는다. 구글의 신입사원 교육은 몇 달 동안 진행된다. 멘토링과 교육 프로그램이 있기는 하지만 매주 100명이 넘는 사람이 들어오기 때문에 모든 일을 일일이 가르쳐 줄 수가 없다. 어느 시점에는 스스로 알아서 일하는 사람self-starter이 되어야만 한다. 창업자인 래리 페이지와 세르게이 브린은 일반 엔지니어들과 직접 커뮤니케이션 하길 원했다. 중간 간부를 거치는 것은 생산적이지 않은 일로 위계질서를 신경 쓰지 않는 조직이 더 빨리 움직인다고 여겼다. 또한 동기 부여는 직원들 스스로 권한을 갖고 있다고 느끼게 해야 생기는 것이고, 동료 간 내부경쟁을 건강한 경쟁력으로 전환해야만 기업이 성장할 수 있다고 믿었다. 직원들에게 새로운 배움과 도전의 길을 열어줘야 한다고 생각했다.

두 번째는 평가다. 평가를 제대로 하지 않으면 방만한 조직이 되기 쉽다. 상사가 모니터링하는 것보다 직원들끼리 긴장과 협력을 유지할 수 있도록 해주는 게 좋다. 상사는 직원들이 열심히 일하는지 알기 어렵지만, 매일 함께 일하는 동료들은 쉽게 안다. 그러므로 서로서로 의식하게끔 하는 것이 중요하다. 아이디어를 찾고 스스로 협업 대상을 구해야 하는 분위기를 만들어야 한다. 그렇게 하면 대충 일하거나 책임감 없는 직원은 협업 대상을 찾기 어렵기 때문에 열심히 일할 수밖에 없다. 그래서 구글의 관리자는 업무지시를 하지 않는다. 대신 회사의 전략을 알려주고 스스로 일을 발견할 수 있게 도와준다. 자유롭게 아이디어를 내고, 면담을 통해 목표를 평가하고 설정하게 한다. 업무는 한 달 단위로 체크한다. 한마디로 코치의 역할이다. 구글의 최고문화책임자CCO, Chief Culture Officer 스테이시 설리번Stacy Sullivan은 이렇게 말했다.

"꾸준하게 성장하면서 건강한 경쟁이 살아 숨 쉬는 조직문화를 유지하는 게 구글의 목표다."

일단 즐거워야 한다

당신은 회사생활이 즐거운가? 아니면 회사 생각만 하면 머리가 아픈가? 가기 싫은 직장에서 성장하고 성과를 내는 게 가능할까? 만약 즐겁게 회사생활을 할 수 있다면 어떨까? 아마 그런 회사는 절대 없다고 생각할 것이다. 그런데 미국에는 즐거움이 회사의 DNA로 자리 잡은 회사가 있다. 바로 사우스웨스트 항공이다. 이 회사는 직원들이 회사에 애사심을 가질 수 있도록 직원들을 위한 경축 행사를 자주 여는 등 즐거운 조직 분위기를 조성하기 위해 노력한다. 본사

건물에는 3층 높이의 넓고 확 트인 로비와 긴 복도가 있는데, 그곳에는 기념할 만한 기업의 이슈들이 전시되어 있다. 회사가 주관한 파티나 소프트 볼, 지역 프로그램, 성탄절, 부활절, 야구 시합 등 직원들의 단체 활동 모습이 담긴 액자도 있고, 벽화에서 유화까지 다양한 예술품이 있다. 영웅상, 정신 승리상, 대통령상, 유머상 등도 볼 수 있다. 직원들은 이 복도를 거닐면서 언제나 즐거운 마음으로 일을 한다. 그래서인지 사우스웨스트 항공의 이직률은 믿을 수 없을 정도로 낮다. 이직률 10% 미만의 기업으로 잘 알려져 있다.

사우스웨스트 항공은 1967년에 설립됐는데, 1년 전인 1966년 두 사람의 만남에서 시작됐다. 한 사람은 텍사스에서 활동하는 사업가 롤린 킹이고, 다른 사람은 줄담배와 위스키를 즐기는 변호사 허브 캘러허Herb Kelleher다. 이 둘은 호텔 바에서 만나 자연스럽게 사업계획을 이야기하다 냅킨 뒷면에 아이디어를 정리했다. 중앙에는 댈러스를, 좌측에는 샌 안토니오, 우측 하단에는 휴스턴을 그렸다. 텍사스의 3대 도시를 잇는 지역 항공사를 만들겠다는 계획이다. 냅킨에 적은 이 간단한 아이디어는 1년 뒤인 1967년 사우스웨스트 항공이 됐다. 당시 그들이 가장 중점을 둔 건 설계도 위치도 아닌 조직문화였다. 그들이 생각하는 조직문화는 간단했다.

직원을 우대하면 직원들도 회사를 우대한다는 것이다. 사우스웨스트 항공은 직원을 최우선으로 그다음으로 고객, 마지막에 주주를 놓는 과감한 시도를 했다.

이를 잘 보여주는 사례가 있다. 사우스웨스트 항공의 한 조종사는 아들이 교통사고로 죽었다는 소식을 들었다. 조종사 집은 머나먼 볼티모어였는데 캘러허는 정기보수를 받으러 가던 비행기를 볼티모어에 급파해 그를 가족 곁으로 보내주었다. 그는 이 일에 대해 "이런 일련의 경험들은 우리 회사에서 일하는 걸 자랑스럽게 만들어줍니다"라고 말했다. 보통 회사들은 직원에게 급여만 주면 역할을 다했다고 생각한다. 그러나 돈을 넘어선 목적의식이야말로 직원을 더 열심히 일하게 만든다. 물질적 요소는 얼마든지 살 수 있다. 하지만 직원들의 진짜 헌신과 몰입, 그리고 회사를 향한 충성심과 소속감은 살 수 없다.

한때 오클랜드에서 유나이티드 셔틀이 라이벌로 사우스웨스트 항공을 뒤쫓기 시작했을 때 이 회사는 모든 면에서 유리했다. 그런데 퍼스트클래스, 글로벌 마일리지 프로그램, 3천만 달러의 광고비를 썼음에도 불구하고 결국 철수할 수밖에 없었다. 사우스웨스트 항공을 이용해본 고객들은 이렇게 말한다.

"타 항공사도 이용해봤는데 사우스웨스트 항공의 직원들이 더 좋아요. 그래서 다시 돌아왔어요."

기업은 어떻게 해야 직원들을 위한, 직원들이 즐겁게 일하는 조직을 만들 수 있을까? 구글과 유튜브, 트위터에서 일한 '프로직장러' 브루스 데이즐리Bruce Daisley는 팟캐스트를 진행하면서 수많은 전문가들을 만났다. 그는 그들과의 인터뷰를 통해 직장생활을 바꾸는 세 가지 방법, '충전recharge, 공감sync, 자극buzz'의 기술을 찾았다.

첫째, 일하는 것만큼 충전하는 것이 중요하다. 일할 때는 열심히 일하고, 쉴 때도 열심히 잘 쉬어야 한다. 기업용 메신저를 개발한 스타트업 슬랙Slack의 슬로건은 '짧게 일하고 충분히 쉬라'다. 오래 많이 일한다고 생산성이 높은 건 아니다. 주당 근로 시간이 50시간을 넘어서는 순간 노동 생산성이 떨어지기 시작한다는 건 검증된 사실이다. 일할 때도 일만 하는 것보다 중간중간 충전하면서 일하는 편이 좋다. 산책과 회의를 결합한 걷기회의, 딥워크를 위한 이어폰 사용, 오전 시간에는 수도승 모드로 일하기 등이 있다.

둘째, 공감이다. 혼자만의 공간에서 일하는 것은 집중력에는 좋지만 한계가 있다. 인간은 사회적 동물로 본능적으로 함께 일할 때 더 많은 성과를 낸다. 다른 사람들과 함께하려면 공감이 중요하다. 공감이란 '그 사람 안에 내가 들어가는 것'으로 그 사람 입장에서 생각해보는 것이다. 이는 직원들의 소속감을 높여줘 성과로 이어지게 한다. 동료와 나누는 실없는 농담과 수다가 비생산적으로 보일지 모르지만, 사실 상대에 대한 이해도 높아지고, 새로운 아이디어에도 숨을 불어넣어 주는 역할을 하기도 한다. 노는 것 같지만 일하는 것이다. 방법 중 하나는 커피머신 위치를 바꾸는 것이다. 탕비실 대신 사무실 중간에 커피머신을 놓고 직원 간 소통을 늘려보자. 공식적인 회의 시간을 줄이고 자연스럽게 직원 간 접촉 시간을 늘리는 게 좋다.

셋째, 직원들을 유쾌하게 자극하는 기술이다. 긍정적 정서는 연상 능력, 주의 전환, 인지 유연성을 높여준다. 창의적인 아이디어를 번뜩이게 한다.

세계적인 물류회사 페덱스도 직원을 위한 조직문화로 유명하다. 포리스트 킹은 눈앞에서 일어나는 일을 믿을 수 없었다. 그가 아내와 비행기 문을 나오자 페덱스 직원 수십 명이 손을 흔들며 환영하고 있었던 것이다. 페덱스는 얼마 전 포리스트 킹이 회장으로 있던 플라잉 타이거 라인Flying Tigers Line을 인수 합병했다. 킹은 페덱스에 플라잉 타이거 라인의 직원 고용문제를 요청하기 위해 멤피스에 왔는데, 그들의 일행을 환영하기 위해 공항청사에 레드카펫을 깔고 페덱스 직원과 멤피스 시장이 온 것이다. 킹은 이렇게 말했다. "한 회사가 다른 회사를 인수 합병할 때 합병된 회사 직원을 고용해야 할 의무는 없습니다. 그런데 페덱스는 우리 직원 모두에게 일자리를 제공하겠다는 공문을 보내왔습니다."

이것이 페덱스의 조직문화다. 페덱스의 경영원칙은 '직원 우선', 슬로건은 '직원, 서비스, 이윤'이다. 즉, 회사가 직원에게 최선을 다하면 직원은 회사를 위해 최선을 다해 고객을 만족시킬 것이고, 그 고객이 회사에 이윤을 가져다준다는 것이다. 페덱스는 이를 실제로 구현할 수 있는 정책을 갖고 있는데, 첫째, 내부승진이다. 낙하산 인사는 거의 없다. 철저히 내부에서 인재를 키운다. 둘째, 매니저의 시간과 노력을 내부직원을 위해 사용하도록 한다. 매니저는 늘 직원들이 만족하는지, 공정한 처우를 받고 있는지를 살펴야 한다. 직원을 인격적으로 대하는 것은 당연하다. 막말이나 경멸은 상상할 수 없다. 직원의 애로를 해결하기 위해 상급자와의 문제가 해결되지 않을 때는 차상급자와의 미팅을 요구할 수 있다. 이를 스킵레벨 미팅skip level meeting이라고 한다.

어떤 회사는 직원을 관리의 대상으로 생각한다. 직원

이 가져가는 월급이 아까워 늘 어떻게 하면 이를 줄일 수 있을까를 고민한다. 어떤 회사는 직원을 가장 소중한 자산으로 생각한다. 직원이 행복해야 일에 최선을 다하고 그래야 회사가 성과를 내면서 돈을 벌 수 있다고 생각한다. 이를 좌우하는 것이 조직문화다. 당신이라면 어떤 조직에서 일하고 싶은가? 전자를 선택하는 사람은 없을 것이다. 요즘 세대에게 일은 밥벌이 수단이 아니다. 그들은 일에서 즐거움과 보람을 느끼고 싶어 한다.

내적 동기의 힘

입장 차이란 말은 많이 들어봤을 것이다. 입장에 따라 생각과 행동에 차이가 생긴다는 의미로, 예를 들어 직원으로 일하는 것과 자기 사업을 하는 대표로 일하는 것에는 큰 차이가 있다. 직원으로 일할 때는 월급날이 너무 늦게 돌아온다고 생각하지만, 막상 월급 주는 입장이 되면 월급날이 너무 빨리 온다고 생각한다. 직원일 때는 머리에 띠를 두르고 경영자를 성토했는데 막상 경영자가 되자 띠 두른 직원들이 성토하는 걸 보고 충격받는다. 나 역시 직원으로 일하다 사업을 하면서 배운 교훈이 있다. 나에게 아무도 일을 시키지 않는다는 것이다. 스스로 일을 찾고 만들고 해야만 한다. 일이 잘 안돼도 도움을 받거나 불평할 곳이 없다. 열심히 노력하지 않으면 바로 티가 난다. 그러다 문득 이런 생각이 들었다. 만약 직원들이 나와 같은 태도로 일한다면 어떨까? 아마 세계 최고의 회사가 되지 않을까?

우리는 왜 이렇게 열심히 일할까? 돈을 벌기 위해, 누군가의 인정을 받기 위해, 남들도 하니까, 안 하면 남들이 뭐라고 할까 봐 등 여러 이유가 있을 것이다. 인간이면 누구나 돈이 필요하고 타인의 인정도 원하며 아무것도 하지 않으면 주변 사람의 눈치를 보겠지만, 이런 비중은 생각보다 적다. 이보다는 일이 좋아서 한다. 요즘 세대는 일이 즐겁지 않으면 하지 않는다. 나 역시 새로운 것을 공부하고 이를 실천하고 거기서 얻은 깨달음을 글로 쓰고, 사람들에게 알려주는 것에서 무엇과도 비교할 수 없는 큰 즐거움을 느낀다. 내게 일은 그 자체로 보상이다. 일이 새로운 일을 불러오고 새로운 고객이 날 찾는다. 성장도 중요하다. 일을 통해 어제의 나보다 조금 더 성장하는 것, 내일의 나를 기대할 수 있는 것, 분명 지금보다 유연하고 남다른 시각으로 좀 더 괜찮은 통찰력을 갖기를 바란다. 일에서 가치를 찾고, 그것이 사람들에게 영감을 불러일으키고 사람들을 변화시키는 걸 목격할 때 무엇과도 비교할 수 없는 보람을 느끼는 것이다.

닐 도쉬Neel Doshi와 린지 맥그리거Lindsay McGregor가 쓴 《무엇이 성과를 이끄는가》란 책을 보면, 기업은 성과 창출을 위해 두 가지 방법을 쓴다. 경제적 인센티브라는 당근과 매출을 압박하는 채찍질이다. 둘 다 효과적인 것처럼 보이지만 사실 지속 가능하지 않다. 인간은 당근을 준다고 일을 더 하는 것도 아니고 채찍질을 한다고 해서 안 하던 일을 새롭게 하는 것도 아니다. 외적인 동기보다 내적인 동기를 자극해야 한다. 일의 즐거움, 일을 통한 성장, 일의 가치를 높여야 한다. 이는 내적 동기유발에 관한 허츠버그 이론과 유사한데, 기업은 어떻게 이것을 조직문화로 만들지 고민해야 한다. 지시나 권력으로 뭔가를 하게 하는 건 한계가 있다. 어떻게 하면 일이 즐겁고, 의미가 있으며 일을 통해 성장하는 조직문화를 만들 수 있을까?

첫째, 리더십이다. 리더는 불을 붙이는 파이어 스타터fire starter가 되어야 한다. 조직의 힘을 빼는 디미니셔diminisher가 아닌 멀티플라이어multipliers가 되어 자기는 물론 조직 전체에 동기를 유발할 수 있어야 한다. 이런 리더는 동기지수를 평균 50점가량 높일 수 있다. 원래 인간은 누구나 가슴

속에 불을 가지고 있는데 그 불을 끄지만 않아도 다행이다. 문제는 리더 중에 소방수가 많다는 것이다.

둘째, 명확한 행동규범이 있어야 한다. 조직의 미션과 행동양식에 정체성이 명확해야 한다. 해야 할 것과 하지 말아야 할 것이 분명하면 이런 것들이 쌓여 조직문화가 된다. 이것만 명확해도 동기지수를 65점 올릴 수 있다. 애매모호하게 무엇을 해야 하고 말아야 하는지 그때그때 다르면 안 된다.

셋째, 직무설계다. 한 사람 한 사람의 역할에 대한 명백하고 확실한 정립이 필요하다. 혼자 일할 때와 같이 일할 때 역할을 분명히 해야 한다. 결혼 후 부부싸움의 가장 큰 이유가 역할의 혼돈이다. 가사 일을 두고 서로 다른 생각을 하면 갈등이 생긴다. 둘이 사는데도 이런데 하물며 수많은 사람이 섞여 일을 하는데 역할이 불분명하다면 볼 것도 없다. 직무설계가 분명한 조직은 동기지수를 87점 올릴 수 있다.

넷째, 커리어 관리다. 대부분 조직은 옷걸이형 커리어를 지향한다. 모두 위를 향해 달려가지만, 그곳에는 자리가 몇 개 없다. 결국 대다수 조직의 경력 경로는 '죽을 때까지 싸워 이긴' 강한 자만이 살아남는 구조다. 그렇게 되면 나머지는 열심히 일하고 싶지 않아진다. 경력의 사다리를 다양하게 만들면 동기지수는 63점 오른다.

다섯째, 보상 제도다. 대부분의 보상 제도는 목적이 명확하지 않다. 직원의 성장에 중점을 둔 보상 제도가 확립되면 동기지수는 48점 높아진다.

마지막은 공동체 의식이다. 우리는 같은 배를 탄 존재다. 조직의 성공이 곧 내 성공이란 의식을 갖게 해야 한다. 이때 동기지수는 60점 올라간다.

좋은 문화가
좋은 성과를 가져온다

경영학 교육만 50년이 넘는 역사를 가진 영국 런던시티대학교 카스 비즈니스 스쿨Cass Business School의 교수들이 실시한 위기에 관한 연구는 현대 조직이 직면하고 있는 심각한 위험과 조직문화의 역할을 보여준다. 여기에는 지난 10년 사이 유명 기업이 붕괴된 18건의 사례(AIG, 아서앤더슨, BP, 캐드버리 슈웹스, 코카콜라, EADS 에어버스, 엔론, 파이어스톤, 노던록은행, 셸, 소시에테제네랄은행 등)가 포함되어 있다. 위기 발생 이전 이들의 시가총액은 6조 달러 이상이었지만, 11개 회사

중 7곳이 파산에 직면했고, 그중 3곳은 정부에 의해 구제됐다. 11명의 CEO가 해고됐으며, 경영진 4명이 감옥에 갔다. 대부분 회복하기 힘든 손실을 입었고, 브랜드는 큰 타격을 입었다.

이 연구는 위험의 원인을 다음과 같이 이야기했다. "이사회의 능력 부족과 비상임 이사들의 실질적인 권한 행사 불가, 비즈니스 모델이나 평판이 가져오는 내재적 위험에 둔감, 문화와 가치에 대한 부적절한 리더십, 내부 소통과 정보공유에 문제 있음, 조직의 복잡성과 변화에 대한 두려움, 부적절한 인센티브, 최고경영진의 잘못된 의사결정과 행동으로 인한 리스크 등." 그런데 기업은 왜 이런 위험이 발생하도록 내버려 두었을까? 위험을 수용 가능하다고 여겼거나 위험의 징후를 무시했기 때문이다. 위험은 모든 조직에 있다. 다만 위험을 인식하지 못하거나 위험을 인식했지만, 위험에 대해 말하거나 대응하지 못하게 하는 조직문화를 가진 기업에는 그 위험이 치명적 위험으로 발전한다.

현재 우리 기업이 위험에 잘 대처하고 있는지 알려면 어떻게 해야 할까? 임원을 대상으로 다음 질문을 던져보면 된다. 첫째, 가치 혹은 사명선언문이 중요하다고 생각하는 사람은 손을 들어보라 해보자. 대부분 손을 들 것이다. 둘째,

명문화된 가치나 사명선언서 등을 갖고 있는지 물어라. 이 역시 대부분 손을 들 것이다. 마지막으로 가치 혹은 사명선언서 내용을 보지 않고 적게 해보자. 결과는 어떨까? 어색한 침묵만이 흐를 것이다. 주변을 두리번거리는 임원도 있을 것이다. 사명선언문이나 가치를 정확하게 기억하고 쓸 수 있는 임원은 절반도 되지 않는다. 이는 가치와 사명이 액자 속에만 있고 몸에 체화되지 않았기 때문이다. 이보다 더 확실한 확인 방법도 있다. 일반 직원들에게 똑같이 물어보면 된다. 물론 비밀이 보장된 상황에서 실시해야 한다. 이때 그들이 하는 말만큼 그들의 반응을 잘 관찰해야 한다. 머리로만 알고 있는지, 가슴으로도 알고 있는지 말이다. 사명과 가치가 살아 움직이는지 아는 건 어렵지 않다.

요가복을 만드는 룰루레몬은 고객들의 건강한 라이프스타일을 사명으로 제품을 생산한다. 직원들은 이를 위해 고객과 함께 운동하고 요가나 스포츠에 관해 이야기를 나누며, 정보를 공유한다. 직원들은 룰루레몬이 추구하는 가치 그 자체다. 그들은 전문성을 바탕으로 열정적으로 일하기 때문에 매장에 좋은 분위기를 만들어낸다. 이를 경험한 고객들은 룰루레몬의 팬이 되어 다시 매장을 방문한다. 직원들에게 회사는 일하는 곳이 아니라 성장하는 곳이다. 룰루레몬은 2017년부터 2019년까지 2년간 40.6%라는 매출 성장률을 달성했고, 현재 제품군을 확대해 종합 스포츠 브랜드로 나아가고 있다. 좋은 문화가 좋은 성과를 낸다는 것을 보여준 것이다.

반면 독소적인 문화를 가진 기업은 오로지 이익에만 초점을 맞춘다. 단기 실적에 집착한다. 그래서 회사에 대한 직원들의 충성도와 애착이 매우 낮아 지위 고하를 막론하고 이직률이 높다. 분노와 좌절이 만연하며 모욕적인 언어를 자주 사용하지만 별다른 제재를 받지 않는다. 권력을 이용해 사람을 괴롭히는 경영진도 있다. 내 일만 하면 된다는 식의 냉소적 문화가 팽배해 서로를 믿지 않고 존중하지도 않는다. 계급에 따른 차별이 있지만 이를 당연하게 받아들인다. 필요 이상으로 직원들을 통제하고 관리한다. 캘리포니아주 프리몬트의 GM 공장이 그렇다. 직원들은 경영진에 대한 항의의 의미로 자동차 문 판넬 안에 먹다 남은 샌드위치를 밀어 넣고 용접한 사례도 있었다.

이런 독소적인 문화를 바꿀 수는 없을까? 분명 쉬운 일은 아니다. 하지만 그렇다고 해서 불가능한 일도 아니다. 조직문화의 거장 존 코터John Kotter 하버드대학교 교수는 조직문화를 바꾸는 것을 잡초 제거에 비유했다. 나쁜 문화는 뿌리까지 제거하지 않으면 결국 다시 자란다는 것이다. 그래서 변화를 시도한 조직의 30%만이 성공했다고 말했다. 대부분 변화의 필요성은 느끼지만 이를 행동으로 바꾸는 과정에는 동의하지 않기 때문이다. 변화로 손해 보는 사람들의 반발은 심한 반면, 변화로 이익을 보는 사람은 적고 그런 사람들은 자신의 소리를 잘 내지 않는다. 그는 동료 교수 제임스 헤스켓James Heskett과 함께 쓴 책《기업문화와 성과Corporate Culture and Performance》라는 책에서 이렇게 말했다.

> "구성원들이 가치를 공유하고, 그에 기초한 강력한 조직문화를 갖고 있는 조직은 이윤추구를 목적으로 삼았던 회사보다 성과가 높다."

양날의 검

홍상수 감독의 〈지금은 맞고 그때는 틀리다〉라는 제목의 영화가 있다. 나는 여기서 "그때는 맞고 지금은 틀리다"라고 말하고 싶다. 과거에는 이것 덕분에 성공했는데 지금은 이것 때문에 실패한다. 조직문화가 그렇다. 화합의 조직문화로 지난 수십 년 동안 경영을 잘해왔는데 어느 순간 어려움을 겪는 조직이 있다. 직원들이 갈등을 만들려 하지 않기 때문이다. 하지만 건강한 갈등은 중요하다. 논쟁 한번 없이 의사결정이 끝난다면 겉으로는 잘 굴어가는 듯 보여도 안으로 문제가 쌓여 가는 것이나 다름없다. 현시대에 이와 같은 방법은 기업에도 직원에게도 독이 될 뿐이다.

조직문화는 양날의 검과 같다. 유용했던 조직문화가 언제든지 위협이 될 수 있다. 그렇다면 지금의 조직문화가 맞는지 어떻게 알 수 있을까? 조직문화는 직관적으로 느낄 수는 있지만 정량적으로 측정하기는 어렵다. 조직문화 분석에 많이 사용되는 설문조사는 100% 신뢰하기 어렵다. 급변하는 요즘 시대에는 현실과 불일치할 확률이 높다. 매튜 코리토어, 아미르 골드버그, 사미르 스리바스타바 등의 연구진은 2020년《하버드비즈니스리뷰》에 새로운 조직문화 분석기법을 소개했다. 기존 방식 대신 빅데이터를 활용한 방법으로 이메일과 슬랙, 글래스도어 등 디지털 발자국을 통해 조직의 진짜 모습을 분석한 것이다. 이 분석기법을 통해 그들이 내린 결론은 다음과 같다.

첫째, 직원이 기업의 조직문화와 잘 맞는지 중요하지만, 시간에 따라 변하는 조직문화에 직원들이 제대로 변화하고 적응하는지가 성공에 더 큰 영향을 끼친다. 둘째, 흔히 다양성을 중시하지만, 다양성에는 두 가지 모습이 있다. 인지적 다양성이 팀의 아이디어 창출에는 도움이 되지만 아이디어 실행에는 오히려 방해가 된다. 셋째, 좋은 조직문화는 다양성을 보장해 혁신을 촉발하지만, 그 밑에는 조직의 단합을 이끌 공동의 가치관이 뿌리박고 있어야 한다.

많은 기업들이 조직문화를 만들기 위해서는 조직문화와 잘 맞는 사람을 채용해야 한다고 주장한다. 하지만 시대에 따라 조직문화가 계속 변하는데 변하는 조직문화에 따라 개인도 변할 수 있어야 한다. 다양성의 중요성을 체감한 조직이 다양성을 높이기 위해 애를 쓰지만, 다양성이 늘 좋은 건 아니다. 새로운 발상에는 도움이 되지만 실행에는 방해가 될 수 있다. 무엇보다 중요한 건 공동의 가치관이다. 세계 최대 화학회사 듀폰du Pont하면 안전이 연상되듯 구성원 누구나 인정하는 공동의 가치관을 확립하고 이를 지키는 것이 중요하다. 여기서의 시사점은 다음과 같다.

첫째, 채용 시 기존 직원들과 유사한 가치관과 믿음을 가진 사람을 뽑음으로써 이직률을 낮출 수 있다. 그러나 지나치게 조직문화와의 궁합을 강조하면 다양성을 제한할 수 있고, 독창적인 인재를 놓칠 가능성이 커진다. 지금 당장의 궁합 적합성보다 미래에 잘 적응할 만한 사람을 뽑는 게 좋다. 튀는 사람에게도 눈을 돌려 그들이 다른 직원들과 유대를 쌓을 수 있도록 도와줘야 한다.

둘째, 서로 다른 관점을 표현할 수 있도록 주의를 기울여야 한다. 인지적 다양성은 복잡한 문제에 대해 참신하고 혁신적인 해결책을 위해 반드시 필요하다. 특히 기획의 구상단계에서 중요한데, 문제는 실행에는 악영향을 끼칠 수 있다는 것이다. 그러므로 다양한 목소리를 듣지만 언제 어떻게 통합할지도 생각해야 한다. 여성이나 소수 인종뿐 아니라 가치관이나 규범에 대한 기대의 다양성도 필요하다.

셋째, 리더는 다양성과 통일성이 공존하는 문화를 조성해 혁신과 효율 두 마리 토끼를 함께 잡아야 한다. 일에 대한 가치관과 규범을 하나로 정하는 게 아니라 여러 가치관과 규범을 넘나들게 해야 한다. 어떤 때는 통일성을 어떨 때는 협업을 어떨 때는 경쟁을 선택하는 것이다.

조직문화는 양날의 검이므로 양극단을 왔다 갔다 해야 한다. 때로는 이성적으로 때로는 감성적으로 행동하는 것, 결정 전에는 치열하게 갈등하지만 결정 후에는 뜨겁게 화합하는 것, 통일을 강조하지만 개인의 창의성을 존중하는 것, 말은 쉽지만 결코 쉽지 않다. 하지만 이것이 진정한 균형이다. 분명한 원칙과 가치는 공유하되 그 외의 것은 그때그때 달라져야만 한다.

조직문화는 때로는 이성적으로
때로는 감성적으로 행동하는 것,
결정 전에는 치열하게 갈등하지만
결정 후에는 뜨겁게 화합하는 것,
통일을 강조하지만 개인의 창의성을
존중하는 것, 이것이 진정한 균형이다.

성공하는 조직의 문화는 무엇이 다른가

도전정신

질문하고 저항하고 토론하라

상사가 주재하는 회의에서 반대 의견을 내는 사람이 있는가? 최근 상사에게 토를 달거나, 대놓고 반대하는 사람을 본 적이 있는가? 만약 없다면 그 조직은 조만간 심각한 위기에 닥칠 가능성이 크다.

보통 회의에는 적극적으로 찬성하는 사람, 동의하는 사람, 그저 침묵하는 세 사람이 존재한다. 반대하는 사람은 소수거나 아예 없다. 그런데 그들이 진짜 동의하는 것일까? 반대하는 사람은 정말 없을까? 동의하거나 침묵한다는 건 아무 생각이 없거나, 생각은 있지만 자신의 유익을 위해 자기 의견을 드러내지 않는 것뿐이다. 이런 사람은 조직에 전혀 도움이 되지 않는다. 반대 의견은 사전에 여러 방향으로 일어날 수 있는 문제를 찾아 문제 발생을 최소화해주는 역할을 한다. 반대 의견을 내는 사람은 이를 위해 치열하게 생각하고, 행여나 불이익을 받을지도 모르는 위험을 무릅쓰고 조직에 충성하는 사람이다. 반대하거나 토를 단다는 이유로 불이익을 준다면 그 사람은 리더로서 자격상실이다. 반대 의견은 조직에 대한 애사심 없이는 쉽게 할 수 없다. 리더는 직원들의 반대 의견을 끄집어내야 한다. 반대 의견이 조직에 살아 숨 쉬게 해야 한다.

알리바바의 창업자 마윈은 "90%가 찬성하는 방안이 있다면 쓰레기통에 갖다 버린다. 이렇게 많은 사람들이 좋다는 계획이라면 분명 더 많은 사람들이 시도했을 것이고, 그 기회는 우리 것이 아니기 때문이다"라고 말했다. 인텔의 전 CEO 앤디 그로브Andy Grove도 이렇게 말했다. "반대자들에게 감사한다. 조직은 리더가 가진 꿈과 그릇의 크기만큼 자란다. 큰 그릇은 많은 것을 담을 수 있다. 나와 동질의 것, 나를 편안하게 하는 것뿐 아니라 나와 다른, 그래서 불편한 것도 끌어안을 수 있을 때 조직은 지속적으로 성장한다." 이는 안주하지 않고 도전하는 조직이 승리한다는 의미이기도 하다. 기존 사업의 성공에 머무르지 않고 언제나 새로운 사업과 변화하는 시대에 맞춰 프로세스를 변화시키는 도전을 할 수 있어야 한다.

던킨도너츠의 사장 나이젤 트래비스Nigel Travis는 직원들에게 도전문화를 강조한다. 상사의 독단적 결정은 조직을 절벽으로 몰아갈 수 있고, 자기 확신만큼 조직을 위태롭게 하는 일은 없기 때문이다. 도전은 상대를 못살게 굴고 궁지에 모는 게 아니다. 목적을 가지고 질문하고, 긍정적으로 저항하고, 합리적으로 토론하면서 의사결정의 품질을 높이는 기술이다. 한 치 앞도 예측하기 힘든 급변하는 현시대에 그나마 안전을 확보하고 성장할 수 있는 기술은 질문을 통해 서로의 생각을 끄집어내고 차이를 확인하고 그런 과정에서 문제를 사전에 걸러내는 기술이다. 질문을 안 하는 것만큼 위험한 일은 없다. 트래비스는 도전문화의 원칙을 이렇게 정리했다.

첫째, 질문의 목적은 사실에 근접하기 위해서다. 우리는 사실이 아닌 걸 사실로 착각하는 경우가 많다. 질문을 통해 조금이라도 사실에 가깝게 가야 한다. 둘째, 질문은 목적을 공유하는 과정이다. 그냥 상대의 주장을 듣기만 한다면

세상에서 가장 위험한 조직은
자기 확신에 가득 찬 상사와
그와 같은 의견을 가진 사람들로
둘러싸인 조직이다.

반발심 혹은 소외감만 느낄 뿐이다. 목적을 공유해야 비로소 제대로 된 대화를 할 수 있다. 셋째, 사람이 아닌 아이디어에 이의를 제기해야 한다. 흔히 반대 의견이나 질문을 자신에 대한 도전으로 생각한다. 소통이 자연스러운 조직이라면 이런 문제는 없지만, 그렇지 못한 조직의 경우 처음에는 시행착오를 겪을 수 있다. 그러므로 질문할 때는 사람이 아닌 그 사람의 의견이나 주장에 대해 질문해야 한다.

도전문화는 조직 내부뿐 아니라 외부와의 소통에도 필요하다. 예를 들어 분기 실적을 발표하는 자리가 있다고 하자. 이날은 CEO와 모든 경영진이 애널리스트와 언론의 집중적인 질문을 받는 매우 부담스러운 자리다. 하지만 잘하면 자신들이 보지 못한 회사의 문제점이나 기회를 발견할 수 있는 자리이기도 하다. 트래비스는 그날을 즐긴다. 그는 똑똑한 사람들로부터 정확한 정보에 근거한 질문을 받는 기회가 얼마나 귀중한 시간인지 잘 알고 있다. 공짜로 중원의 고수로부터 그들의 관점, 지식, 통찰력을 배울 수 있는 기회이기 때문이다.

세상에서 가장 위험한 조직은 자기 확신에 가득 찬 상사와 그와 같은 의견을 가진 사람들로 둘러싸인 조직이다. 스스로 잘 안다고 생각해서 하지 말아야 할 일을 하는 사람들이 모인 조직이 가장 위험하다. 대부분 조직이 무너지는 건 이런 잘못된 확신의 결과물이다. 우리는 늘 자기 확신을 조심해야 한다. 만약 자신이 옳다고 생각한다면 이를 증명할 수 있어야 한다. 타인의 시각을 통해 내 관점을 다듬어 보는 게 가장 좋은 방법이다. 질문을 통해 내가 미처 생각하지 못한 부분에 대해 검증해야 한다. 인간은 누구나 보고 싶어 하는 면만 보려는 경향이 있어 전체를 보지 못하는 경우가 종종 발생한다. 이를 보완할 수 있는 게 도전하는 문화고, 질문하는 문화다. 월가의 큰손이자 억만장자 투자자 레이 달리오Ray Dalio는 이렇게 말했다.

> "나는 나의 생각에 동의하지 않는 똑똑한 사람들을 찾아서 그들의 생각을 이해하려고 노력한다."

자기 확신에 가득 차 호기롭게 사업을 하다 잘못된 의사결정 하나로 회사를 부도 직전까지 끌고 간 그의 경험에서 나온 말이다.

투명성

쉽지 않은 길

등산용품을 사러 어느 가게에 들른 적이 있다. 이것저것 구경하다 등산화를 집어 드니 직원이 말린다. 자기 회사는 외주로 등산화를 제작해서 가격 대비 품질이 좋지 않은 편이라고 했다. 대신 옷이나 바람막이 등은 정말 좋다며 좋은 제품들을 추천해줬다. 난 그곳에서 많은 용품을 샀다. 그에게 신뢰가 갔기 때문이다.

당신은 신뢰할 수 있는 사람인가? 당신이 일하고 있는 조직은 솔직한 이야기가 오고 가는가? 입에 바른말들만 서로 주고받고 있지는 않은가? 만약 그렇다면 그런 조직은 지속 가능하지 않다. 지속 가능한 조직을 만들기 위해서는 솔직한 조직문화를 만들어야 한다. 솔직함은 사실을 있는 그대로 이야기할 수 있는 것, 맞는 건 맞다고 아닌 건 아니라고 말할 수 있는 것이다. 하지만 대부분 조직은 그렇지 못하다. 문제가 될 걸 뻔히 알면서도 그 순간을 모면하기 위해, 상사에게 잘 보이기 위해 별문제가 아닌 듯 대답한다.

일본 야마이치증권의 창립자이자 고이케 은행과 도쿄가스의 이사장 고이케 구니조는 성실한 인품을 바탕으로 자수성가한 사업가다. 그는 13살에 고향을 떠나 구멍가게 점원으로 일을 시작해 영업에 뛰어들었다. 탁월한 능력으로 영업 초반부터 33개 회사와 계약을 체결했는데, 어느 날 다른 회사에서 같은 제품을 더 저렴한 가격에 팔고 있다는 사실을 알게 됐다. 그는 고객들이 이 사실을 알면 자신에게 속았다고 생각할까 봐 견딜 수 없었다. 결국 고객 한 명 한 명 찾아 다니며 이런 사실을 솔직하게 털어놓았다. 원한다면 계약을 파기해도 좋다고 했다. 고객들은 어떻게 했을까? 그와 계약한 33개 회사 중 그 누구도 그와의 계약을 파기하지 않았다. 오히려 그의 태도에 감동한 고객들은 그를 더욱더 신뢰하게 됐고, 이후 그는 고객들의 신뢰를 바탕으로 본인

소유의 증권회사를 창업했다.

미국 양대 렌터카업체 중 하나인 에이비스AVIS는 "우리 회사는 2등입니다"라는 광고로 큰 인기를 얻었다. 너도나도 1등이라고 말하는 광고에 식상한 고객들에게 신선하게 와 닿았던 것이다. 비틀Beetle 자동차도 "못생겼지만 목적지까지 모셔다드리긴 합니다"라고 자신들의 자동차에 대한 소비자의 의견을 재치 있게 맞받아쳤다.

이처럼 솔직함은 그 자체로 사람들의 환심을 산다. 그렇다면 거짓말은 어떨까? 포드는 자동차 익스플로러에 문제가 발생했을 때 차의 문제가 아니라 타이어 결함이라고 주장하면서 책임을 타이어 제조업체 파이어스톤에 넘겼다. 하지만 문제가 일파만파로 커졌고, 나중에는 회사 존립까지 위협받을 정도였다. 대한항공의 회항 문제도 초반에 잘못을 솔직히 인정하고 사과했다면 창업주 문제로까지 번지지 않았을 것이다. 하지만 이를 감추면서 사태는 눈덩이처럼 커졌고, 호미로 막을 일을 가래로도 막지 못하고 말았다. 결국 회사는 엄청난 비용을 치러야만 했다.

기업경영의 투명성은 성장과 직결된다. 직원들이 의견을 거침없이 이야기하고 스스로 알아서 일해야만 제때 제대로 된 의사결정을 할 수 있다. 지극히 당연한 이야기지만 이를 실천하는 기업은 그리 많지 않다. 가장 큰 장애물은 두려움이다. 자칫 이 이야기를 했다 돌아올 불이익이 두려운 것이다. 집단사고group thinking도 중요한 이유다. 똑똑한 개인이 모여 이상한 결정을 내리는 것으로, 분위기에 휩쓸려 말도 안 되는 결정을 아무렇지 않게 한다. 이는 비슷한 사람끼리 오랫동안 일할 때 빈번하게 일어난다. 또 다른 이유는 방관자 효과bystander effect다. 선수가 아닌 관중이 되려고 하는 것이다. 대부분 사람은 굳이 내가 나서서 반대 의견을 말할 필요는 없다고 생각한다. 속으로는 경영진의 결정에 동의하지 않지만 '굳이 이 시점에 반대하는 이야기를 해서 경영진 눈밖에 날일은 없지'라고 생각한다.

그런데 이런 가식적인 문화, 문제점을 바로 보고하지 않는 문화, 진실을 이야기하는 대신 경영진이 좋아할 만한 이야기만 하는 문화가 조직문화로 자리 잡으면 누가 가장 손해일까? 경영진이라고 생각하는가? 그렇지 않다. 회사 전체가 손해를 본다. 1,600억 달러 자산을 운용하고 있는 세계 최대 헤지펀드 브리지워터의 레이 달리오 회장은 솔직함의 대명사로 불린다. 그는 자신의 저서《원칙 Principles》에서 왜 극도로 솔직함을 추구하는지, 어떻게 해야 그게 가능한지에 대해 상세하게 서술했다. 그는 승승장구하면서 교만

해졌고 직원들의 말을 듣지 않고 독자적으로 고집을 부리다 거의 파산에 이르는 실패를 경험하면서 솔직함의 중요성을 깨닫게 됐다. 그가 생각하는 좋은 조직문화는 한마디로 '아이디어 성과주의'다. 그는 최선의 아이디어가 채택되는 문화여야만 기업이 성장할 수 있다고 믿는다. 이를 위해서는 가능한 많은 아이디어가 나와야 하고, 나온 아이디어가 치열하게 경쟁해야 한다. 솔직함과 투명함을 바탕으로 집단지성의 극대화를 꾀해야 한다. 그러려면 무엇을 해야 할까?

첫째, 모든 정보는 기록이 우선이다. 레이 달리오 회장은 아이패드에 모든 정보를 입력한다. 자체 개발한 도트 컬렉터Dot Collector 앱에는 회의 참가자의 사진과 이름이 적힌 평가표가 있는데 이들은 실시간으로 서로를 평가한다. 참가자의 말 한마디와 일거수일투족을 평가하고 그 결과를 실시간 업데이트해서 바로 공개한다. 예외는 없다. 갓 들어온 신입사원이 달리오에게 최저점을 줄 수도 있다.

둘째, 개인 대신 집단이 의사결정을 한다. 미국 연방준비은행의 금리 결정을 예로 들어보겠다. 처음에는 참석자를 대상으로 오를 것인지, 동결할 것인지를 투표에 부친다. 첫 투표에서는 인하가 77%, 인상이 23%로 인하가 우세였다. 그런데 두 번째 투표 결과는 인하가 19%, 동결이 81%로 동결이 압도적 우세였다. 결과가 뒤집어진 것이다. 어떻게 이런 일이 일어났을까? 신뢰도에 따른 가중치를 감안해 다시 계산한 결과다. 그동안 높은 평가를 받은 직원의 의견에 더 높은 가중치를 준 것이다. 첫 투표는 1인 1표였지만 두 번째는 실력에 따른 차등의결권을 주었고, 그 결과 반대의 결과가 나온 것이다.

셋째, 의견을 내는 데는 모두가 평등하다. 미국의 45대 대통령 트럼프의 명령에 불복해 해임당한 것으로 유명한 제임스 코미James Comey 전 FBI 국장은 브리지워터의 법률책임자로 일한 적이 있었다. 어느 날 그는 25세의 신입사원과 대화 중이었다. 그런데 직원이 코미의 말에 논리가 부족하다며 계속 되물었다. 당신이라면 상사에게 논리가 부족하다고 말할 수 있겠는가? 부하 직원이 당신에게 논리가 부족하다고 하면 어떻겠는가? 이곳에서 지위 고하는 의미가 없다. 누구나 자기 아이디어를 솔직하게 이야기하고 자기 아이디어에 대한 비판도 기꺼이 받아들이는 문화가 자리 잡혀 있다.

이외에도 기업경영의 투명성을 위해 전체 회의의 90% 이상을 녹화해 기록으로 남긴다. 이 기록은 누구나 열람할 수 있다. 만약 상사가 예전에 한 지시와 다른 내용의 지시를 내리면 영상을 보면서 사실 여부를 확인할 수 있다. 스포츠 경기의 비디오 판독과 비슷한 행위를 조직에서 하는 것이다. 당신이라면 모든 사람이 한 말이나 행동, 일거수일투족을 기록하고, 그동안의 기록을 반영해 차등의결권을 부여하며, 아이디어 앞에 직급과 나이가 아무 의미 없는 회사에 다닐 수 있겠는가? 물론 쉽지 않을 것이다. 신입사원의 30%는 입사 후 18개월 이내에 회사를 떠날 정도로 혹독한 곳이다. 하지만 극도의 투명성을 조직문화로 내세우면서 세계 최대 헤지펀드 회사로 인정받게 됐다.

창의성

촉이 발달한 조직

"고객의 목소리를 들어야 합니다. 그러나 고객을 찾아가 '어떤 제품을 원하세요?'라고 물어서는 안 됩니다. 시장조사의 문제점은 자신들이 이미 알고 있는 것만 대답한다는 겁니다. 그것으로는 남들과 같은 물건을 만들 수 있어도 혁신적인 제품을 만들 수 없습니다. 전문가를 무조건 믿으면 안 됩니다. 그들은 자기 틀에 사로잡혀 새로운 생각을 하지 못합니다. 우리는 본능을 믿습니다. 채용 때도 해당 분야에 경험이 없는 사람을 더 좋아합니다. 경험이 없는 사람은 선입견이 없습니다."

가전 기업 다이슨은 제품 개발 시 시장조사를 하지 않는다. 시장조사를 하면 개발자의 촉이 무뎌질 수 있다고 생각하기 때문이다. 날개 없는 선풍기도 그렇게 탄생했다. 당시 다이슨은 에어블레이드란 손 건조기를 개발 중이었는데, 아주 강한 바람으로 짧은 시간에 손에 있는 물기를 제거하는 제품이었다. 그러던 중 이 제품에 적용한 공기역학 법칙을 활용하면 소량의 공기를 빨아들여 16~18배 빨리 주변 공기를 움직일 수 있다는 것을 발견하고 날개 없는 선풍기라는 새로운 아이디어를 생각해냈다. 가격은 일반 선풍기보다 10배 이상 비싸지만, 다이슨의 인기 제품 중 하나다.

기업은 새로운 제품을 개발함으로써 성장한다. 때문에 아이디어가 그 무엇보다 중요하다. 어떻게 하면 직원들의 창의성을 높여 아이디어가 샘솟는 조직을 만들 수 있을까?

첫째, 자발성을 최대한 살려야 한다. 브라질의 셈코 Semco는 무無관리 경영으로 유명하다. 단순 제조회사였지만 이를 통해 고부가가치의 인터넷 서비스 회사로 변신하는 데 성공했다. 셈코의 직원들은 스스로 결정하고 계획하고 일한다. 자유롭게 출퇴근하고 규칙도 계급도 없다. 신입사원도 회사의 기밀정보를 열람할 수 있고, 의사결정은 전 직원의 투표로 한다. CEO는 10년째 의사결정을 하지 않고 있다. 사업영역도 정의할 수 없을 정도로 다양한데, 선박용 펌프, 공업용 믹서, 믹싱 설비 같은 제조업부터 병원, 공항, 호텔, 공장 등 시설관리 업무도 한다. 환경사업 컨설팅, 인터넷, 벤처사업뿐 아니라 인력아웃소싱 회사도 운영하고, 재고관리도 대행한다. 이렇게 다양한 사업을 하는 이유는 간단하다. 직원들의 아이디어를 그대로 사업화했기 때문이다. 셈코의 냉각탑을 구매한 빌딩 소유주들이 운영비용이 너무 많이 든다고 불평하자 냉각탑 운영 비즈니스를 시작했고, 그러다 에어컨 관리를 해달라고 해서 했다가 빌딩 관리까지 맡게 된 것이다. 직원들이 자발적으로 판단하고 움직였기에 가능한 일이다. 누군가는 그렇게 하면 방만하지 않을까 의문이 들겠지만, 여기에는 셈코만의 관리 비결이 있다. 경영진이 관리하지 않는 대신 동료들끼리 서로를 통제한다. 셈코는 이 시스템을 유지하기 위해 기업의 규모를 일정 수준 이상으로 키우지 않는다. 또한 6개월마다 익명으로 설문조사를 한다.

둘째, 실수를 인정해야 한다. 창의성의 대명사라 불리는 3M은 한때 효율성으로 유명한 GE 출신의 제임스 맥너니James McNerney를 영입했다. 그는 단기적으로는 성과를 거뒀

으나 그에 대한 내부 평가는 인색했다. 맥너니로 인해 회사의 창의성이 무너질 뻔했다는 것이다. 그가 떠난 후 새롭게 부임한 조지 버클리George Buckley는 이렇게 말했다. "제한되어 있거나 동질적인 분위기에서는 무언가를 창조할 수 없습니다. 최근 우리가 저지른 실수 중 하나는 창의성보다 효율성에, 다양성보다 동질성에 더 큰 가치를 부여한 것입니다. 바로 식스 시그마였죠. 이게 3M의 심장과 영혼을 파괴했습니다. 혁신은 숫자 게임입니다. 비즈니스 하나를 성공시키는데 5천 개 이상의 아이디어를 실험하고 검토해야 합니다. 그런데 식스 시그마는 처음부터 쓰레기 같은 아이디어는 버리고 성과를 낼 아이디어에만 집중합니다. 이런 사고방식은 중요한 아이디어를 애초에 뿌리 뽑아 버리기 때문에 매우 위험합니다." 한마디로 지나친 관리는 창의성을 파괴한다는 것이다.

셋째, 완벽한 계획을 조심해야 한다. 요즘은 패스트패션이 유행이다. 스웨덴의 H&M, 스페인의 자라, 일본의 유니클로가 그렇다. 유행은 생명이 짧다. 사전에 예측해 준비하는 식으로는 대응하기 어렵다. 먼저 행동을 통해 시장 변화를 감지하는 촉을 세워야 한다. 패스트패션 업체의 경우 상황에 따라 계획을 수정한다. 사전에 생산하는 의류는

20%를 넘지 않고, 80% 이상은 고객의 반응에 따라 생산한다. 유니클로는 매장에 상품의 종류와 수량 발주 권한을 준다. 특정한 옷이 팔린 후 재고를 위해 주문하는 게 아니라 매장에서 고객의 반응을 살피면서 어떤 상품이 잘 팔릴지 즉각적으로 예측해 그 상품을 미리 준비한다. 그래서 옷걸이가 아닌 선반에 상품을 접어서 진열하고 점원이 고객을 따라다니면서 제품 선택을 돕지 않는다. 그들이 자유롭게 고르면서 흐트러뜨린 제품에서 고객의 반응을 확인한다. 고객의 기호를 확인하기 위해 신상품을 매달 공개하는 먼슬리 컬렉션도 운영 중이다.

넷째, 권위적인 조직을 변화시켜야 한다. 기능성 소재 기업으로 유명한 고어Gore는 CEO를 투표로 뽑는다. 직원들에게 가장 따르고 싶은 사람이 누구인지 조사하는데, 후보 없이 무작위로 질문한다. 고어에서 엔지니어로 일했던 테리 캘리Terri Kelly도 그렇게 선출된 CEO 중 한 명으로, 2005년 직원들의 투표로 선출되어 13년간 활약했다. 고어는 화학 기술자 빌 고어가 아내와 함께 자택 지하실에서 시작한 회사로, 그는 글로벌 화학기업 듀폰에 있을 당시 테플론을 부드럽게 만들어 전선의 절연체로 사용하자는 아이디어를 냈지만, 경영진 설득에 실패해 1958년 직접 창업을 했다. 그는 직원들의 아이디어가 사장되는 듀폰과는 다른 회사를 만들고 싶었고, 그의 경험으로 보아 창의성이 가장 잘 발휘될 때는 카풀할 때와 태스크포스를 구성했을 때였다. 회사 이름도 '고어와 동료들(고어의 정식 명칭은 W. L. Gore&Associates)'로 했다. 고어는 창의성 발현을 위해 3무無, 즉 '무직위, 무직책, 무큰 조직'이라는 조직문화를 만들었는데, 이는 캘리에 의해 더욱 발전한다. 고어에서는 회사 이름처럼 누구나 동료로 불린다. 직원 명함에는 'Associate'라는 직함만 있다. 그래서 팀장이 없다. 구성원이 가장 많이 따르는 사람이 자연스럽게 그 사업을 담당한다. 직원을 뽑을 때도 여러 동료가 모여 결정한다. 누가 시키지 않아도 스스로 사업 기회가 된다고 판단되면 팀을 조직해 일한다. 보통 기업은 업무가 너무 엄격하게 분리되어 거기에 매몰되지만, 고어는 유연한 팀을 기반으로 일하기 때문에 늘 신선한 아이디어가 넘친다.

큰 조직에서 오래 일하다 보면 관성에 젖기 마련이다. 무기력해지고 촉이 무뎌진다. 어쩔 수 없는 인간의 본성이다. 그러므로 기업은 직원들이 촉을 잃지 않게 아이디어를 자유롭게 표현할 수 있도록 활기 넘치는 조직문화를 만들어야 한다.

공감 능력

책상 위의 보고서를 믿지 마라

지난 몇 년간 부동산 시장은 고공행진을 계속했다. 정권이 교체됐지만 부동산 시장이 제자리를 찾을지는 여전히 미지수다. 정부 정책의 가장 큰 문제는 그 시장을 모르는 사람들이 정책을 만든다는 것이다. 교육 정책도 그렇다. 학교를 졸업한지 40년 이상 된 사람들이 요즘 아이들의 문제를 다룬다. 훌륭한 석학들인 건 분명하지만 이론과 실제는 다르다. 그래서인지 최근 정치권에서도 젊은 인재들을 영입하기 위한 모습을 보인다. 하지만 나는 단순히 연령의 문제라고 보지 않는다. 내가 생각하는 이들의 문제는 공감 능력이 부족하다는 것이다. 정책을 도입할 때, 제품이나 서비스를 출시할 때 그것을 사용하고 경험하는 사람들의 입장을 가장 먼저 생각해야 한다. 정부든 기업이든 조직의 흥망성쇠를 결정하는 키워드는 공감 능력이다. 최고의 조직을 만들기 위해서는 공감 능력을 살려야 한다.

미국의 산업 디자이너 패트리샤 무어Patricia Moore는 냉장고 신제품 콘셉트 회의 때 "관절염이 있거나 시력이 나쁜 사람 혹은 늙어서 힘이 약해진 사람의 입장을 고려해야 한다"라고 말했다. 그녀는 노인의 삶을 경험해보는 모의실험을 통해 나이가 들면 약병 뚜껑을 열기도 어렵고, 현관문을 여닫는 것도 힘들며 시내버스를 타는 것조차 위험한 일임을 알게 됐다. 그리고 3년간의 실험을 바탕으로 제품을 새롭게 개선하고 차별화해 큰 성공을 거뒀다. 모두가 노인 인구 증가와 그들을 위한 제품 디자인을 이야기하지만, 노인의 삶을 알기는 어렵다. 하지만 그들과 공감하려고 노력하는 순간 새로운 기회가 생긴다.

미국 자동차 회사들이 몰락한 이유 중 하나도 공감 능력 부족이다. 많은 회사들이 수익률은 높지만 기름 소모가 많은 SUV와 대형트럭에 지나치게 의존하는 바람에 유가 급

등으로 큰 타격을 입었다. 그러나 몰락의 본질적 원인은 다른 곳에 있다. 자동차 회사가 많이 몰려 있는 디트로이트에 가면 알 수 있다. 다른 지역에 비해 이 지역은 유독 미국산 차들이 많다. 대부분의 회사는 고위 간부들에게 최신 자동차를 무료로 제공하고 연료를 지원해주는 제도를 운용한다. 직원이 차를 살 때 큰 폭으로 할인해주는 제도도 있다. 어떤 회사들은 직원뿐 아니라 직원의 친구와 가족에게까지 이 제도를 적용한다. 그런 이유로 디트로이트에는 미국산 차들이 많다. 포드는 포드 차량만 회사 주차장에 주차할 수 있도록 제한하기도 했다. 이로 인해 포드 직원들은 오직 포드 자동차만 보게 됐다. 경쟁사들이 어떤 제품을 생산하고 서비스를 제공하는지 알지 못하는 기업이 무슨 수로 경쟁에서 이길 수 있겠는가?

1993년 IBM은 160억 달러 적자로 존폐 위기에 처했다. 도탄에 빠진 IBM을 구한 사람은 식품업체 나비스코Nabisco 출신의 루이 거스너Louis Gerstner였다. 그는 IBM 고객으로 누구보다 IBM의 관료주의를 잘 알고 있었다. 회사가 커지면서 고객과 공감하는 능력이 점점 떨어지고 있음을 느꼈기 때문이다. 거스너는 공감 능력 부족이 회사를 위기에 빠트렸다고 생각하고 회의 때마다 직원들에게 고객으로부터 무슨 이야기를 들었는지 물었다. 그는 항상 "고객들이 지금 우리에게 하고자 하는 말이 무엇입니까?"란 질문을 했다. 때문에 직원들은 어쩔 수 없이 기술적인 부분은 제쳐 두고 회사 밖에 있는 사람들이 IBM에 대해 무슨 말을 하는지 귀를 기울여야 했다. 그는 더 나아가 강력한 포옹 전략을 시행했는데, 그 핵심은 간단하다. 50명의 임원에게 3개월 안에 IBM의 가장 큰 고객을 5명 이상 만나라는 것이었다. 이때 고객에게 제품을 팔 필요는 없고, 대신 고객의 고민과 그 고민을 해결하는데 IBM이 어떤 도움을 줄 수 있는지 그 방법을 고객에게 듣고 오라고 했다. 거너스는 이를 보고서로 제출하게 했고, 그는 보고서를 모두 읽고 고객의 요구를 해결하기 위해 즉각적인 조처를 했다. 이를 통해 IBM은 대기업에 인터넷 기반 시스템을 구축해주는 새로운 사업을 시작했고 이를 기반으로 위기를 극복할 수 있었다.

반면 노스웨스트 항공은 공감 없는 정책이 어떤 결과를 가져오는지 잘 보여준다. 2006년 8월, 회사는 〈재정적 위기에 대처하는 법〉이란 안내 책자를 해고당한 직원들에게 발송했다. 본래 의도는 해고당한 사람들을 도와주자는 취지였지만, 그들의 생활과 심정을 알지 못하는 사람들이 그 안내서를 만든 게 문제였다. 돈을 절약하는 101가지 방법에는 "대출이자를 유리하게 하기 위해 은행과 협상하라", "옷은 철이 지난 다음 구입하면 싸다" 등이 있다. 심지어 "쓰레기더미에서 당신이 원하는 것을 줍는 것을 창피하게 생각하지 말라"는 내용도 있다. 해고자 입장에서 이는 매우 모욕적이었을 것이다. 이 일로 회사는 엄청난 비난을 받았다.

책상 위의 보고서를 믿어서는 안 된다. 높은 빌딩 사무실에서 앉아서는 고객들이 무슨 생각을 하는지, 무엇을 원하는지 절대 알 수 없다. 공감 능력은 다른 사람의 신발을 신고 걸어볼 수 있어야만 키울 수 있다. 공감 능력은 성공한 조직들이 공통으로 가지고 있는 최고의 경쟁력이다.

협력

창의력은 함께할 때 나온다

지식과 전문성이 세분화된 현시대에 혼자서 할 수 있는 일이 있을까? 뛰어난 한 두 명의 천재가 있지만 사분오열四分五裂되어 있는 조직과 개개인의 능력이 조금 부족하더라도 긴밀한 협조 관계를 유지하는 조직 중 어느 조직이 더 성과를 낼까? 신약 개발이나 반도체 혁신 달성 등 쓰러져가던 기업의 재생 같은 일이 몇몇 인재만으로 가능할까? 절대 그렇지 않다. 이를 이끄는 뛰어난 리더가 존재하겠지만 뒤에서 보이지 않는 사람들의 협력과 팀워크가 뒷받침됐기에 가능한 일이다.

어떻게 하면 흡연량을 줄일 것이냐를 논의하기 위해 흡연가 12명이 모였다. 그런데 그들은 흡연을 줄이는 이야기 대신 자신들의 행위를 정당화하는 데 시간을 썼다. "흡연이 어때서", "흡연도 장점이 있다" 쪽으로 방향이 흘러가자 오히려 흡연량이 더 늘었다. 이것이 집단사고group think다. 사람들이 모인다고 해서 늘 지혜가 나오는 것은 아니다.

이러한 문제가 일어나지 않으려면 협력이 필요하다. 창의력은 협력을 통해 생겨난다. 워싱턴대학교 심리학 교수 키스 소여Keith Sawyer는 이를 '그룹 지니어스Group Genius'라고 표현했다. 서로 다른 사람들이 다양한 아이디어를 가지고 일하면서 스파크가 튈 때야말로 창의적인 작품이 나온다는 것이다. 현금 자동 인출기, 산악자전거, 오픈소스 운영체제 같은 위대한 발명품 뒤에는 예외 없이 '한 사람의 천재가 발명한 것'이라는 터무니없는 이야기가 뒤따르지만 조사해보면 모두 협력을 통해 이뤄진 것이다. 구글어스 같은 새로운 아이디어도 구글의 협력적이고 즉흥적인 문화가 있었기에 탄생할 수 있었다. IT업체 시스코Cisco도 네트워크 기술을 통해 직원들이 더 잘 협력할 수 있게 만들었고, 혁신적인 디자인 전문 기업 아이데오IDEO, 애플 등도 모두 협력을 기초로

하고 있다. 창의적인 기업일수록 협력의 그물망을 통해 기존에 없던 혁신적인 제품을 만들어내는 것이다.

통제보다는 참여를 통해 스스로 일하게 만들 때 더 큰 성과를 낼 가능성이 크다. 오르페우스 체임버 오케스트라는 1972년부터 지휘자 없이 연주해왔다. 이 오케스트라는 1960년대 권위주의적 인물과 계급에 대해 불만을 품은 컬럼비아대학교 학생들이 음악공동체를 만든 데서 유래했다. 이들은 어떤 곡을 할지, 어떤 연주자를 기용할지, 어떤 방식으로 연주할지를 모든 단원이 참여해 함께 결정한다. 이 때문에 콘서트를 준비하는데 시간이 3배나 더 걸린다. 수석악사가 있긴 하지만, 이마저도 27명 연주자 중 한 사람을 선정하거나 돌아가면서 이 역할을 맡는다. 한 연주자가 자리에서 일어나 관객석으로 이동해 연주를 듣고 "비올라 소리가 잘 들리지 않는다", "바이올린 소리는 어떻다" 등 자신의 느낌과 감상을 이야기하면, 이를 연주에 반영한다. 모두가 참여해 연주함으로써 그룹 전체가 몰입하고 높은 성과를 내며 지금까지 그 명맥을 이어오고 있다.

즉흥적인 조직을 만드는 것도 방법이다. 셈코가 바로 그런 조직이다. 이 회사는 점심시간도 정해져 있지 않고, 출퇴근 기록도 하지 않는다. 교대 없이 3천 명이 스스로 스케

줄을 만들고 일한다. 공식적인 규칙도 없고 계급도 없다. 관료주의를 없애고 즉흥적인 업무처리 방식을 도입했다. 장기계획도 없앴다. 6개월 앞은 아예 내다보지도 않는다. 규모가 커지면 협력이 어려워 각 사업부는 늘 400명 이하로 유지한다. 더 놀라운 건 이런 시스템 안에서 끊임없이 성과를 내고 있다는 것이다.

이를 위해서는 협조하고 서로를 존중하는 문화가 필요하다. 공동의 목표를 갖는 것도 중요하다. 우리가 옳은 일을 할 때 삶에 대한 우리의 견해와 타인에 대한 동정심이 협력을 낳고, 협력이 이뤄졌을 때 개인의 목표와 공동의 목표를 더 잘 달성할 수 있다. 둘의 힘은 하나의 힘보다 강하다. 팀이란 놀라운 것이다. 혼자서는 이룰 수 없는 것을 성취할 수 있게 해준다. 우리 모두를 합한 것보다 현명한 사람은 없다.

우리가 옳은 일을 할 때 삶에 대한
우리의 견해와 타인에 대한 동정심이
협력을 낳고, 협력이 이뤄졌을 때
개인의 목표와 공동의 목표를 더 잘
달성할 수 있다. 둘의 힘은 하나의
힘보다 강하다. 팀이란 놀라운 것이다.

자율성

배의 조타수를 잡지 마라

나는 스스로 이런 질문을 자주 한다. '상사가 관여할수록 더 좋아질까? 혹시 고객 접점에 있는 기발한 아이디어가 무지한 상사 때문에 묻히는 일은 없을까? 이럴 땐 어떻게 해야 하지?' 제품과 서비스 이용자는 상사가 아니라 고객이다. 상사의 마음이 아닌 고객의 마음을 만족시켜야 한다. 상사는 디테일하게 따지는 것이 자신의 역할이라 하겠지만, 나는 이에 동의하지 않는다. 이상적인 조직은 경영자의 생각과 가치관이 직원들에게 잘 전달되어 직원들이 알아서 움직이는 조직이다. 목표와 방향성만 잡아줄 뿐 어떻게 해나갈지는 직원들의 몫이다. 모든 일을 경영자가 판단하고 지시하지 않으면 움직이지 않는 조직, 그마저 제대로 하지 못해 상사가 직원들의 잘못을 교정하는 데 에너지를 써야 하는 조직은 최악의 조직이다. 현재 당신의 조직은 어떠한가? 상사 없이도 잘 돌아가는가? 아니면 아무것도 할 수 없는가?

많은 경영자들이 손꼽는 최고의 조직은 자율적인 조직이다. 베스트셀러 작가 대니얼 코일Daniel Coyle은 자신의 저서 《최고의 팀은 무엇이 다른가》에서 픽사의 공동 창업자 에드윈 캣멀Edwin Catmull에 대해 이렇게 말한다. "그는 픽사와 디즈니를 어슬렁거리며 하루를 보낸다. 신입사원들을 도와주고, 브레인 트러스트 미팅을 지켜보고, 움트기 시작한 성공의 싹과 문제의 신호를 두고 구성원들이 어떻게 소통하는지 관찰한다. 나아가 이면에서 무슨 일이 벌어지는지 알기 위해 비공식 대화 채널을 구축한다. 그는 사람들 사이에 어색한 침묵이 흐르거나 누군가를 기피하면 우려의 제스처를 취하고, 특별한 지지 없이도 솔선수범하는 모습을 보이면 칭찬을 아끼지 않는다. 동시에 심각한 수준의 경제적 손실 앞에서도 팀원들의 실수를 감싸 안는다. 캣멀은 배의 조타수를 잡지 않는다. 그는 갑판 밑에서 어슬렁거리며 물이 새는 곳이 없는지 점검하고, 피스톤을 교체하고, 윤활유를 뿌린다."

리더가 해야 할 일은 지시, 지적이 아니라 직원들이 최상의 환경에서 일할 수 있도록 돕는 것이다. 일을 하는 데 걸림돌은 무엇인지, 직원들이 원하는 것은 무엇인지 파악하고 처리해줘야 한다. 소통은 잘되고 있는지 확인하며 대화의 자리를 마련해주는 것, 휴식이 필요할 때 잠시 머리를 식힐 수 있는 시간을 갖게 해주는 것, 명확한 목표를 제시해 동기 부여하는 것, 실수가 있었다면 다음에는 잘하자는 마음이 들도록 격려하고, 응원할 수 있는 분위기를 만들어 하나의 팀이라는 생각을 갖도록 하는 것, 그것이 리더가 해야 할 일이다. 지시, 지적만으로는 절대 원하는 성과를 낼 수 없다.

자율의 중요성은 아무리 강조해도 지나치지 않다. 공부도 그렇다. 스스로 알아서 공부하는 것과 부모님이나 선생님 등 주변의 요구와 강요에 못 이겨 공부하는 건 천지 차이다. 호주의 소프트웨어 회사 아틀라시안Atlassian은 4분기마다 한 번씩 엔지니어들에게 24시간 동안 정규 업무를 중단하고 업무적으로 그동안 하지 못했던 일이나 하고 싶었던 일을 할 수 있도록 자유를 줬다. 그런 다음 떠들썩하고 유쾌한 회의를 했다. 그러자 엔지니어들은 24시간 동안 코드를 수정하거나 기발한 제품 아이디어를 만들어냈다. 풀리지 않

리더가 해야 할 일은
지시, 지적이 아니라 직원들이 최상의
환경에서 일할 수 있도록 돕는 것이다.
일을 하는 데 걸림돌은 무엇인지,
직원들이 원하는 것은 무엇인지
파악하고 처리해줘야 한다.

던 난제 해결의 아이디어도 도출했다. 이후 회사는 자율시간을 일과의 20%까지 늘렸고 놀라운 성과를 거뒀다.

이런 사례도 있다. 실제 대형병원 관계자에게 들은 이야기다. 이 병원은 높은 이직률로 골머리를 앓았다. 기껏 교육해서 일 좀 할 만하면 병원을 그만둔다고 했다. 이로 인한 경제적 손실도 컸다. 무엇보다 교대근무가 문제였다. 업무 특성상 교대근무를 없앨 수는 없기에 병원은 간호사들에게 원하는 근무 형태를 물었다. 주간, 야간, 이브닝, 그리고 주간과 이브닝을 교대로 하거나 이브닝과 야간을 교대로 하는 것 등 여러 선택지를 만들어 간호사들에게 직접 선택하게 했다. 물론 한쪽으로 몰릴 경우 불가피하게 병원 측에서 조정하긴 했지만, 직원들의 만족도가 80% 가까이 올라가면서 높은 이직률을 해결할 수 있었다. 업무에 큰 변화를 준 것도, 그렇다고 근무 시간이 줄어든 것도 아니었다. 그저 근무 시간을 스스로 선택하게 한 것만으로도 만족도가 올라간 것이다. 이것이 자율성의 힘이다.

기업이 성과를 내는 자율적인 조직문화를 갖기 위해서는 가장 먼저 명확한 규율이 있어야 한다. 전설적인 미시간 대학교의 미식축구 감독 보 셈베클러Bo Schembechler는 원칙을 명확히 한 다음, 선수들이 따라올 것을 강력히 주문했다. 선수들이 원하는 것을 해주기보다 "나는 이것을 원한다. 이 팀에서 생존하고 싶으면 이것을 반드시 지켜라"라고 말했다. 그가 20년 동안 엄청난 성과를 이뤄내고 전설로 불리는 것도 이런 명확한 원칙 때문이다. 그는 시간 엄수에 철저한 것으로 유명했다. 스스로 "이른 것이 제때고, 제때인 것은 이미 늦은 것이다"라고 말하며 늦는 것을 절대 용납하지 않았다. 버스 이동 시에도 인원 점검 없이 시간이 되면 제시간에 안 온 선수들을 기다리지 않고 무조건 출발했다. 이런 일을 몇 번 겪고 난 선수들은 시간약속을 엄격하게 지키게 됐다.

셈베클러는 "지금 고생하지 않으면 나중에 고생한다. 시간은 앞당겨 사용해야 효용성이 높다"고 말한다. 그는 일하고 싶어 안달 난 사람을 우선적으로 채용했고, 운동을 잘해도 의욕이 약하거나 자신에 대한 믿음이 부족한 사람은 절대 채용하지 않았다. 거만한 사람은 싫어했다. 그런 사람은 한철 메뚜기처럼 다른 곳으로 갈 가능성이 높고 팀워크만 해친다고 생각했다. 이미 마음이 떠난 사람을 방치하는 것은 사과 상자 안에 썩은 사과를 그대로 두는 것과 같은 것으로 결국에는 썩은 사과 하나가 다른 멀쩡한 사과까지 모조리 썩게 만든다. 자율은 그냥 내버려 두는 게 아니다. 자율의 전제조건은 규율이다.

질문

조직의 성과를 이끄는 키

혹시 여행을 가려고 호텔 예약을 했다 취소한 적이 있는가? 환불이 안 되는 규정 때문에 울며 겨자 먹기로 돈을 돌려받지 못한 경우는 있는가? 만약 이런 일을 당한다면 어떻게 하는 게 최선일까? 일단 전화나 이메일을 통해 세 가지 이야기를 해야 한다. 첫째, 취소하면 돌려받지 못한다는 조건으로 예약했다는 걸 잘 알고 있다. 둘째, 급박한 사정으로 도저히 여행을 갈 수 없는 상황이 됐다. 세 번째가 가장 중요하다. 찾아보니 예외조항이 있는데, 이 조항이 무엇인지

현 상황에 적용이 가능할 것 같은데 어떤지 등을 물어보라. 예외조항을 찾아보고 궁금해하고 질문한다면 해결책을 찾을 수 있을 것이다.

질문의 중요성은 아무리 강조해도 지나치지 않다. 질문은 궁금한 걸 묻는 것 외에 관계를 개선하고, 원하는 기회를 얻도록 도와준다. 한 업체에서 온라인 채팅을 15분씩 한 후 상대에 대한 호감도를 조사했다. 조사 결과, 질문을 많이 할수록 호감도가 올라갔다. 사람들은 상대가 질문을 많이 하면 나에게 관심이 있다고 느낀 것이다. “그건 왜 그렇죠?”, “그때 어떻게 느끼셨나요?”와 같이 ‘왜’와 ‘어떻게’를 잘 섞어서 물어보는 것이 좋다. 이처럼 질문은 긍정적 관계를 만드는 최고의 도구다. 질문은 남의 생각을 잘 듣기 위해서도 필요하지만 자기 생각을 알기 위해 필요하다. 이를 영어로 ‘어서티브assertive’라고 하는데, 건설적이고 진정성 있다는 뜻이다.

조직문화를 만드는 데에도 직원들과의 대화가 중요하다. 특히 직원들과 목표에 관해 이야기를 나눌 때 질문을 어떻게 하는지가 큰 영향을 미친다. 목표에 대해 막연하게 이야기하는 것보다 GROW 모델을 염두에 두면 도움이 된다. GROW는 Goal, Reality, Option, Will의 약자로, 첫째, Goal

은 목표를 분명히 하는 것이다. 이 프로젝트를 성공적으로 완수했을 때의 모습은 어떤지, 어떤 그림을 갖고 있는지, 성공 여부를 어떻게 측정할 것인지, 이 프로젝트가 조직의 올해 목표와 어떤 연관성을 갖고 있는지 등 목표가 분명해지는 방향으로 질문을 해야 한다. 둘째, Reality다. 현실을 모른 채 황당한 목표만 그리는 건 무의미하다. 목표 대비 현재 모습이 어떤지, 갭이 어떻게 되는지 등 현실이 어떤지 알 수 있게 물어야 한다. 셋째, Option이다. 목표와 현실 사이에 갭을 줄이기 위해 어떤 옵션이 있는지, 각각의 옵션의 실현 가능성은 어떤지를 묻는 것이다. 마지막 Will은 옵션 중 어떤 옵션을 택하는 게 좋은지, 그 기준은 무엇이고, 가장 먼저 실행해야 하는 것은 무엇인지, 그리고 거기에 합의하는 것이다.

질문은 생산성을 올리는 최선의 방법이다. 가장 중요한 질문은 목적을 묻는 질문이다. '왜'라는 질문을 자주 던져야 한다. 핵심을 묻는 것도 중요하다. 우리는 미주알고주알 모든 이야기를 나눌 시간이 없다. 하고 싶은 이야기가 무엇인지, 핵심이 무엇인지를 묻고 답할 수 있어야 한다. 핵심을 잘 설명하는 사람은 그만큼 생각이 잘 정리된 사람이다. 스스로 "지금 하고자 하는 걸 한마디로 한다면", "기억해야 할 것을 세 가지로 압축한다면"과 같은 질문을 해보자. 내가 자주 사용하는 방법인데 아주 효과적이다. 핵심을 뽑는 것, 핵심에 관해 이야기를 나눈다는 건 그 자체로 좋은 훈련이 된다. 무리한 요구나 부탁을 할 때도 질문은 유효하게 작용한다. "제가 솔직한 의견을 말씀드려도 될까요?", "몇 가지 질문을 드려도 될까요?"라고 말한다면 분위기를 바꿀 수 있다.

그런데 질문의 내용보다 더 중요한 게 있다. 바로 질문을 잘 주고받을 수 있는 분위기를 만드는 것이다. 대부분의 조직을 보면 직원들이 질문을 하지도 않고 답하지도 않는다. 질문을 했다가 손해 본 경험이 있기 때문이다. 질문하는 조직문화가 잘 구축된 조직은 회의하는 걸 보면 알 수 있다. 누구나 어떤 질문이든 할 수 있고 또 그 질문을 잘 들어준다. 상사도 모르는 게 있으면 "난 모른다"고 솔직하게 말한다.

> 생산성 높은 조직을 만들고 싶은가? 질문하라.
> 직원들을 성장시키고 싶은가? 좋은 질문으로
> 그들을 자극하라.
> 문제를 해결하고 싶은가? 어떻게 하면 문제를 해결할 수

있는지 그들에게 물어보라.

영어단어 중에 '애로건트arrogant'라는 말이 있다. 교만이란 뜻인데, 그 어원이 '묻지 않는다'라고 한다. 묻지 않는 사람은 교만한 사람이란 의미다. 질문하기 위해서는 지적으로 겸손해야 한다. 내 생각이 틀릴 수 있고, 외부에서 답을 구해야 할 수도 있으며, 직원들이 더 나은 생각을 할 수 있다는 생각을 언제나 가지고 있어야 한다.

변화 없이 성공할 수 없다

7가지 조직문화 유형

조직문화에 대한 사람들의 관심이 높아졌다. 그렇다면 당신이 현재 몸담고 있는 조직의 문화에 대해 생각해본 적 있는가? 어떤 문화를 가지고 있는지, 조직문화팀이 별도로 존재하는지 말이다. 취업하거나 이직할 때, 혹은 한 회사에서 오래 승승장구하고자 한다면 꼭 어떤 조직문화가 있는 회사에서 일하고 싶은지, 어떤 조직문화가 만들어지면 좋을지 생각해볼 필요가 있다.

다음은 7가지 조직문화 유형에 대한 설명이다. 이를 통해 현재 조직의 문화는 어떤 유형인지 문제점은 무엇인지 파악하고, 앞으로 조직문화를 변화시키기 위해 필요한 건 무엇인지 살펴보자.

첫째, 순응저항형 조직이다. 순응하는 것 같지만 사실은 저항하는 조직이다. 드러내 놓고 반항하지 않아 겉으로는 순응하는 것 같지만 절대 움직이지 않는 조직을 말한다. 가장 많은 조직 유형이다. 표면적으로는 별문제가 없어 보인다. 중요한 변화를 위해 의견 모으는 일도 어렵지 않다. 하지만 변화를 실천에 옮기는 건 불가능에 가깝다. 그들은 다년간 경험으로 조직이 쉽게 변하지 않는다는 것, 변화의 선봉에 나섰다가 피해를 본 경험이 있기 때문이다. 즉, 복지부동伏地不動의 조직이다. 바싹 엎드려 움직이지 않는다. 내가 생각하는 변화하기 가장 어려운 조직이다. 사람도 그렇다. 반대 의견을 내거나 반항하는 사람은 개선이 가능하다. 무언가 자기 의견이 있기 때문이다. 하지만 의견이 없는 사람, 의견이 있어도 그 의견을 내놓지 않는 사람은 어떻게 해 볼 도리가 없다.

둘째, 자유방임형 조직이다. 말 그대로 자유롭게 하고 싶은 걸 하는 조직으로 원칙이 없다. 대학 동아리가 그렇다. 하려면 하고 말려면 말아도 된다. 누가 뭐라고 하지 않고 뭐라고 한다고 듣지도 않는다. 자유롭긴 하지만 룰이 없어 성과를 내기 어렵다. 리더십 부재로 경영이 방만하고 힘의 집중이 이뤄지지 않아 비전이나 방향성이 없다. 이런 조직은 의사결정 체계가 하부에 분산되어 있어 제어판이 고장 난 조직이다. 부서 간 협력도 제대로 된 의사소통도 기대하기 어렵다. 현장과 본부가 따로 놀고, 아이디어는 무성하지만, 실행으로 옮겨지지 않는다. 자신들이 내리는 의사결정이 회사에 어떤 영향을 주는지도 생각하지 않고 성과평가에도 일관성이 없다. 이를 해결하기 위해서는 경영진의 권한과 개입을 강화하고, 일관성 있는 운영 방법을 개발해야 한다. 전사적 비전과 목표를 제시하고 직원들에게 책임 영역을 확실하게 부여해야 한다. 보상체계를 확립해 부서 간 협력을 유도해야 한다.

셋째, 과다성장형 조직이다. 너무 급격하게 성장한 조직으로 몸과 머리가 따로 노는 조직이다. 빠른 성장으로 시스템이 조직을 뒷받침하지 못한다. 몸집은 큰데 머리는 작은 청소년과 같다. 매출 600억 달러가 넘는 개인 소유의 다국적 기업 카길Cargill이 그랬다. 세계 4대 곡물기업 중 하나인 이 회사는 매출 규모 면에서 세계에서 가장 큰 개인 소유 기업이다. 150년 동안 온정주의적 모델로 작동했지만, 기업가 정신, 민첩성, 빠른 전략 전환 같은 새로운 모델에 흔들려 지역, 제품라인, 기능별 부서 중복의 어려움을 겪었다. 권한은 집중되어 있고, 의사소통 체계는 분산되어 있어 창업자의 비공식적 의사결정이 많아 현장과 본부 간 괴리가 크다. 이런 조직은 기업가 정신을 되찾고, 본부 본연의 기능에 집중해야 한다. 결정된 사항은 반드시 추진하고 결과를 측정해야 한다. 조직성장에 따른 리더십 부족도 원인이므로 코칭이나 리더십 교육에 많은 투자가 필요하다.

넷째, 과도관리형 조직이다. 한마디로 관리가 과한 조직이다. 대기업에 이런 조직이 많다. 현장보다는 관리부서의 힘이 세고, 목표보다는 과정에 에너지를 많이 쏟는다. 사업가보다 집사가 힘이 있어 일이 되게끔 하는 사람보다 그 일을 수행하는 과정이 제대로 됐는지를 파악하는 사람이 더 많다. 오래된 조직일수록 이런 경향이 높다. 당연히 아이디어가 많고, 실행력이 뛰어나고, 일을 하고 싶은 사람들은 좌절할 수밖에 없다. 명령과 통제에 의해 조직이 움직여 아이디어가 활성화되지 못한다. 결정을 쉽게 번복하고, 승진이 관례로 이뤄지며 의사결정 권한이 세분화되어 있어 책임감이 없다. 쓸데없는 일을 하느라 노동력이 낭비된다. 이런 조직은 조직구조부터 바꿔야 한다. 중앙의 과도한 힘을 현장에 나누고, 불필요한 계층을 제거하며, 의사결정 권한을 분명히 해야 한다. 결정한 사람이 책임지는 구조를 만들어야 한다.

다섯째, 민첩대응형 조직이다. 별다른 노력을 기울이지 않고도 성과를 거둠으로써 경쟁자를 경탄하게 만들지만, 다음 순간 어리석은 행동을 하는 어린이와 같다. 너무 빠른 속도로 성장한 나머지 발을 잘못 디디면 미끄러질 위험이 있다. 약속된 업무를 하긴 하지만, 일을 가까스로 처리할 뿐이다. 단, 적합한 프로세스가 자리 잡는다면 안정적이고 지속적인 성장을 할 수 있다. 창조적 자유를 즐기며 참신한 아이디어가 가득해 이런 것들이 에너지로 작동한다. 불가능한 도전도 대부분 성공한다. 하지만 지속적인 고속 성장으로 구성원들이 스트레스를 받을 수 있다. 프로세스를 확립하고 업무 성과에 대한 책임 소재를 명확히 하지 않으면 만성피로와 점검 불량으로 조직이 망가질 수 있다.

여섯째, 일사불란형 조직이다. 기름칠이 잘 된 기계처럼 순조롭게 돌아간다. 모든 직원이 자기 역할을 잘 알고 있고 부지런히 일해 전체적으로 유연하고 일관성 있다. 위계질서를 중시하는 문화로 엄격히 통제되어 있는 경영 모델에 의해 운영된다. 하지만 예측하지 못한 변화에는 잘 대처하지 못한다는 약점이 있다. 세븐일레븐은 한때 파산 신청을 했던 전형적인 자유방임형 조직이었다. 개별 지점관리자들이 각자 상품을 구입함에 따라 전사적인 구매 최적화를 달성하지 못했고 의사결정 권한은 사업부 레벨 중간쯤에 있는 보아뱀 같았다. 이들은 본사의 의사결정 권한을 강화해 규모의 경제를 바탕으로 구매력을 회복해나갔다. 세븐일레븐의 사업 모델은 기업 내의 기업가 정신이다. 지점 관리자가 기업가를 지향하지만 무모한 개척자는 되지 않게 하자는 것이다.

일곱째, 유연적응형 조직이다. 일관성 있고 집중된 조직 모델을 갖추고 있어 적응력이 빠르며 실패도 빨리 극복한다. 건강한 조직이다. 하지만 지속적인 노력 없이는 유지하기 어려운 조직이기도 하다. 중장비 제조업체 캐터필러Caterpillar가 대표적이다. 캐터필러는 몇 년간 엄청난 불황에 시달리다가 매출 300억 달러, 연속 12년 흑자를 기록한다. 1993년 기준 총매출과 순익을 3배 가까이 올린 것이다. 이 회사는 불황 때 코마츠를 비롯한 다른 경쟁자들 때문에 1982년 난생처음 적자를 기록했고 한동안 엄청나게 고전했다. 무엇이 이 조직을 이렇게 바꾼 것일까? 캐터필러는 한때 과도관리형 조직이었다. 외부보다는 조직 내부 일에 초점을 맞췄는데, 1980년대에는 모든 일을 본사 건물 7층에서 결정했다. 그렇다 보니 기회에 기민하게 대응하지 못했고, 의사결정이 내려질 때쯤이면 아무 소용이 없는 경우가 대부분이었다. 그래서 이들은 과감히 메스를 들어 조직을 변화시켰다. 새로운 조직의 청사진을 제시하고 기능별 부서를 없애고 사업부로 바꾸었다. 독자적으로 신제품을 디자인하고 프로세스와 일정도 정하게 했다. 매출과 손익도 알아서 하게 했다. 막강했던 기능부서 책임자를 사업부 관리자로 강등시켰고 15%의 총자산 수익률을 기록하지 못하면 퇴출이란 원칙도 세웠다. 제품개발 주기를 단축하고 딜러나 고객이 원하는 제품을 개발하기 시작했다. 그러면서 분권화, 수익성, 시장을 기반으로 한 이전가격, 신뢰성에 바탕을 든 유연적응형 조직으로 바뀐 것이다. 직원들은 목표가 무엇인지, 그 목표를 달성하기 위해 무엇을 해야 하는지 잘 알았다. 동기 부여가 잘 된 것이다.

조직이 가지고 있는 문화는 다 다르다. 그러므로 조직문화에 대해 늘 질문을 던져야 한다. 지금 우리의 조직문화는 어떤지, 이런 조직문화로 고객을 만족시킬 수 있는지, 회사 목표를 달성하는 데 도움이 되는지, 그렇지 못하다면 어떻게 바꿔야 하는지 말이다. 문화란 쉽게 만들어지지도 쉽게 바꿀 수도 없지만, 계속해서 빠르게 변화하는 시장에서 살아남기 위해서는 조직문화도 그에 맞게 변화가 필요하다. 그러므로 조직문화를 개선하고자 할 때 가장 먼저 "어떤 조직문화를 가져야 앞으로 살아남을 수 있고, 그런 문화를 갖기 위해 해야 할 일과 하지 말아야 할 일은 무엇일까?"를 생각해라.

조직문화 개선 모델의 3대장

조직문화의 중요성이 부각되면서 많은 기업들이 조직문화를 개선하려고 노력했다. 하지만 대부분 실패로 돌아간다. 성공확률이 30% 정도라는 통계도 있다. 왜 이렇게 조직문화를 바꾸는 것이 어려울까? 성공의 함정이 그 이유다. 기존 조직문화 덕분에 지금까지 왔는데 바꾸려 하니 쉽지 않다.

조직문화는 닻과 같다. 빠르게 할 수는 없지만, 속도를 늦추거나 멈추게 할 수는 있다. 문제는 조직문화가 무엇인지 명확하지 않다는 것이다. 미묘하고 애매하고 손에 잡히지 않는다. 특히 소극적인 저항의 문화가 그렇다. 대놓고 반대하지는 않지만 아주 교묘하게 방해한다. 이상한 꼬투리를 잡고, 겉으로는 찬성하는 것 같지만 뒤에서 발목을 잡는다. 그러면서 늦추고, 힘을 빼고, 시간을 질질 끌면서 프로젝트를 무산시킨다. 상대 전화에 늦게 답을 하거나, 터무니없는 정보를 과하게 요구하기도 한다. 이런 소극적인 저항에는 손쓸 도리가 없다. 반대로 변화에 개방적이고 유연한 문화, 적응적 문화에서는 새로운 변화에 직원들이 자발적으로 나서는 것은 물론, 문화가 실제 변화를 추진하기도 한다.

조직문화를 바꾸는 것은 쉽지 않다. 여름날 무성하게 자란 잡초를 제거하는 것과 같다. 뿌리까지 제거하지 않으면 다시 자란다. 그만큼 많은 시간과 노력이 필요하다. 그럼에도 끊임없이 경영자들은 변화를 추구하고, 조직문화를 바꾸려고 노력한다. 조직문화와 성과 사이에는 분명한 관계가 있기 때문이다. 조직문화 변화와 관련해 몇 가지 모델을 소개한다.

우선, 조직문화의 아버지로 불리는 에드거 샤인Edgar schein의 모델이다. 그는 인위적 결과물artifact, 표현되는 믿음과 가치espoused beliefs and values, 근본 가설들underlying assumptions 세 가지 차원으로 조직문화 모델을 설정했다. 표면에는 문

조직문화를 바꾸는 것은 쉽지 않다.
여름날 무성하게 자란 잡초를 제거하는
것과 같다. 뿌리까지 제거하지 않으면
다시 자란다. 그만큼 많은 시간과
노력이 필요하다.

화의 인위적 결과물이 보이고 중간에는 믿음과 가치가 있다. 이 두 가지는 눈에 보인다. 정말 중요한 건 보이지 않지만 그런 행동과 태도를 만드는 가설이다. 눈에 보이는 인위적 결과물은 복장, 가구, 걸려 있는 미술품, 작업장 구조, 기업 스토리, 작업 과정, 조직구조 등이다. 쉽게 눈에 띈다. 믿음과 가치는 창립자들에 의해 제시되는 신조나 행동을 가리킨다. 철학, 경영전략, 혹은 조직 목표를 짧게 정리한 문구에서 볼 수 있다. 이에 반해 가설은 암암리에 공유되는 가치를 말한다. 명료하게 정의하기 어렵고 뚜렷하게 눈에 보이지 않지만, 조직의 비공식적 불문율처럼 여겨진다. 조직이 성장하고 성공과 실패의 경험이 쌓이면서 애초 창업자가 주창했던 가치와 맞서게 되는 경우도 적지 않다.

다음은 심리학자 레빈Kurt Lewin의 3단계 모델이다. 그는 조직의 변화 과정을 녹이고unfreezing 재정렬하고realigning 다시 얼리는 것refreezing이라고 설명한다. 문제는 대부분 조직은 녹이지 않은 상태에서 무언가 정렬하려고 한다. 조직을 개편하고, 새로운 목표를 채택하며, 심지어 변화관리를 위한 계획안을 만들고, 단계별 실행계획까지 수립한다. 조직을 부드럽게 녹여 변화를 준비하게 하는 해동 단계에는 관심을 보이지 않는다. 그러니 직원들은 변화의 필요성이나 추진

배경을 이해 못할 수밖에 없다. 이럴 경우 조직문화를 개선하기 어렵다. 기존의 것을 뒤흔든 후 원하는 모습을 만들어 나가야 한다.

조직문화 변화와 관련해 가장 유명한 건 존 코터John Kotter 하버드대학교 교수의 8단계 모델이다. 1단계는 위기감 조성이다. 이대로 가면 모두가 망한다는 위기감이 있어야 한다. 그렇지 않으면 사람들은 절대 변하지 않고 변화 또한 받아들이지 않는다. 시장이 어떻게 변하는지 현실을 인식할 수 있어야 한다. 현재 막강한 경쟁자도, 지금 당장 보이지 않는 경쟁자도 생각할 수 있어야 한다. 또한 위기 안에 있는 기회를 볼 수 있어야 한다. 2단계는 변화를 이끌어가는 그룹을 만드는 것이다. 변화를 이끌어갈 그룹에 권한을 모두 위임해야 한다. 3단계는 비전과 전략 개발이다. 변화에 직접적인 도움이 될 비전을 수립하고 이 비전을 달성하기 위한 전략과 행동계획을 수립해야 한다. 4단계는 비전 공유다. 새로운 비전과 전략을 공유하기 위해 모든 수단을 활용해야 한다. 5단계는 참여 확대다. 장애물을 제거하고, 비전을 손상시키는 시스템이나 구조를 변경해야 한다. 6단계는 단기적인 성공사례를 창출하는 것이다. 단기적으로 가시적 개선사례를 만들어내야 한다. 이러한 성공을 가능하게 한 사람을 널리 알리고 포상해야 한다. 7단계는 성취 결과를 공고히 하고 더 많은 변화를 창출하는 것이다. 새로운 변화의 비전에 맞지 않는 시스템과 구조와 정책을 정비하고 바꿔야 한다. 비전을 실천할 수 있는 사람을 고용하고 승진시키고 발굴해야 한다. 새로운 프로젝트와 주제, 그리고 변화를 가능케 할 새로운 인원투입 등을 통해 변화과정을 활성화해야 한다. 마지막으로 8단계는 새로운 접근을 문화로 정착시켜야 한다. 새로운 행동, 더 나은 리더십, 효과적인 경영 등을 통해 보다 나은 성과를 만들어내야 한다.

이처럼 조직문화를 개선하는 데는 다양한 프로세스가 있다. 하지만 이를 제대로 하는 건 쉽지 않다. 이유는 다음과 같다. 첫째, 상당한 비용과 자원, 시간, 구성원의 헌신이 필요하다. 게다가 모든 일을 기존 업무를 하면서 해야 한다. 당연히 추가적 자원 투입에 대한 압박도 받게 된다. 둘째, 모든 단계를 충분히 도와줄 수 있을 만큼 조직문화 개선에 대한 지식과 훈련 기술, 조직, 변화촉진 기술 등을 폭넓게 갖추고 있는 컨설팅 기업이 많지 않다. 셋째, 치열해지는 경쟁과 시장 변화, 비용의 추가절감 요구 등 새로운 비즈니스 이슈에 경영진이 주의를 빼앗긴다. 넷째, 실제 변화가 일어나고 있는지 평가하기 어렵다. 사용지표가 변화를 드러내지 않고, 입증해주지 못하는 경우도 많다. 그럼에도 불구하고 조직문화를 개선해야 하는 이유는 조직문화가 직원과 회사의 성장에 미치는 영향이 크기 때문이다. 못하는 기업을 잘하게 하고 잘하는 기업은 더 잘하게 할 수 있는 힘이 조직문화에 있다.

삼성에는 없고
아마존에는 있는 것

이직 경험이 많은 사람들을 만나면 늘 던지는 질문이 있다. "예전 회사와 비교해 현재 다니고 있는 회사는 어떤가요? 이전 회사를 그만둔 이유는 무엇인가요? 이직하고 가장 놀란 점이 있을까요? 기존 회사에서 느꼈던 불만이 이 회사에 온 후에는 사라졌나요?" 대답은 매우 흥미롭다. "비슷한 일을 하는 회사인데 조직의 분위기는 그렇게 다를 수 없다"라는 말을 자주 듣는다. 삼성에서 아마존으로 이직한 김태강 씨의 《조선일보》* 인터뷰를 보면 두 회사의 일하는 방식 차이가 어떻게 다른지 알 수 있다.

> "회의가 시작됐고 어색한 침묵이 가득했습니다. 그 순간이 어찌나 답답하고 어색하던지, 등에 땀이 흥건했죠."

김태강 씨가 아마존에 입사해 경험했던 첫 회의 소감이다. 아마존에서는 모든 회의가 보고서를 읽는 것으로 시작한다. 아마존이 파워포인트를 사용하지 않는 것은 이미 유명하다. 이들은 워드로 각자 보고서를 쓴 다음 이를 회의 참가자들에게 나눠 준 후 모두 읽게 한다. 때문에 회의 시간마다 어색한 침묵이 흐른다.

아마존의 조직문화는 어떻길래 파워포인트 없이 회의가 가능한 것일까? 그가 말하길 아마존은 구글이나 페이스북 등 근무 환경이 자유로운 실리콘밸리 테크기업과 삼성전자처럼 짜임새 있고 위계질서가 체계적인 기업의 중간쯤이라 할 수 있다. 아마존에서는 쉴 새 없이 어려운 문제들이 계속 주어진다. 직원이 130만 명이나 되는 회사의 한 구성

* "아마존의 한국인 팀장 '삼성엔 없고 아마존엔 있는 이것'", 《조선일보》, 2021.07.14.

원이 아마존에 관해 이야기하는 건 너무 제한적일 수 있지만 실제 일하면서 경험한 것이기에 정확할 것이다.

그가 입사 후 처음 느낀 건 당혹감이었다. "삼성에서는 팀별로 이뤄지는 업무가 많았어요. 모르는 것이 있으면 앉혀 놓고 알려줬죠. 하지만 아마존에서는 스스로 답을 찾는 능력을 길러야 합니다. 한 번은 선임에게 업무 문의를 했는데 자신도 그 분야는 모른다며 알아서 찾으라고 하더군요. 당황했지만 그게 현실입니다. 침묵으로 시작하는 회의와 글쓰기 강조 분위기도 힘들었습니다. 아마존에서는 회의 전 주재자가 보고서를 만들어 돌립니다. 회의 시작과 동시에 참석자들은 이를 정독해야 합니다. 전체 회의 시간 중 3분의 1은 보고서를 읽어야 합니다. 일반 회사들이 프레젠테이션에 익숙한 것과는 대조적이죠."

그러다 보니 회의를 위한 보고서 작성에 많은 공을 들인다. 보고서를 수십 번 고쳐 쓰는 건 이제 익숙해졌다. 처음에는 당황했지만, 시간이 지나면서 생각이 달라졌다. 다른 구성원과 원활한 소통을 위해서는 글쓰기에 공을 들여야 하는데, 보고서를 고치고 또 고치면 논리가 명확해진다. 정확하게 쓰여 있는 보고서를 보면 불필요한 질문을 하지 않게 되고, 회의 주제가 확실해 회의 시간도 단축된다. 별 결과 없이 끝나는 길기만 한 회의보다 훨씬 효율적이다.

개인별 목표가 있지만, 실행 방법은 매니저 감독 아래 스스로 고민하고 찾아야 한다. 그가 아마존 입사 후 처음 부여받은 업무는 아마존 셀러들을 위한 세금 계산 프로그램을 세법이 다른 유럽의 여러 국가에 론칭하는 일이었다. "주어진 것은 딱 하나였어요. '간단한 형태로 된 이 제품을 세법이 다른 여러 나라에 론칭하라'였죠. 혼자서 세금 담당하는 어드바이저, 법무팀과 여러 차례 토론하며 하나씩 해나갔죠." 일 처리에 있어서는 직원 개개인에게 무한한 자유가 주어지지만, 스스로 일을 찾아 해나가야 한다. 스타트업과 유사하다.

반면, 삼성은 관리의 삼성이다. 철저한 관리 덕분에 오늘날까지 발전을 거듭했다. 그런데 앞으로도 그럴 수 있을까? 나는 아니라고 본다. 철저한 관리가 오히려 기업의 성장을 더디게 할 것이다. 삼성도 그 사실을 잘 인지하고 있을 것이다. 그렇다면 삼성의 다음 지향점은 무엇일까? 아마존은 후발주자로 기존 조직의 문제점에 도전하면서 조직문화를 만들어왔다. 파워포인트를 없앤 것이 가장 대표적이다. 아마존은 파워포인트가 파워도 없고 포인트도 없다는 사실을 기존 기업들을 통해 알게 되어 이것부터 없앴다. 좋은 아

아마존은 후발주자로
기존 조직의 문제점에 도전하면서
조직문화를 만들어왔다. 파워포인트를
없앤 것이 가장 대표적이다. 아마존은
파워포인트가 파워도 없고 포인트도
없다는 사실을 기존 기업들을 통해
알게 되어 이것부터 없앴다.

이디어가 아님에도 소위 말발이 좋아서 통과되고, 아이디어가 아무리 좋아도 이를 잘 표현하지 못하면 통과되지 않는 사례들을 많이 본 것이다. 이러한 데이터를 바탕으로 아마존은 누군가 일을 시키고 감독하는 대신 알아서 하는 자율적인 문화를 만들었다. 아마존은 앞으로도 지금의 조직문화처럼 미래의 조직문화 역시 계속해서 변화하고 발전시켜 나갈 것이다. 그것이 바로 조직문화다. 삼성도 기업을 성공으로 이끌었던 기존 조직문화에 더는 집착하지 말고 경영 전략을 혁신하듯 변화하는 시대에 맞춰 조직문화도 끊임없이 개선해나가야 할 것이다.

변화의 첫 단계, 진단

당신 조직은 어떤 성격을 갖고 있는가? 알아서 자기 일을 결정하고 실행하는가, 아니면 일일이 상사의 확인을 받아야만 일이 진행되는가? 부서 간 협조가 매끄럽게 되는가, 아니면 사소한 것까지 상사가 중재해야만 하는가? 겉으로는 화합을 이야기하지만, 사실은 따로국밥 아닌가? 상사가 있건 없건 자기 할 일을 열심히 하는가, 아니면 상사가 휴가를 가면 모든 조직이 휴가모드에 들어가는가?

조직문화는 보이지 않지만 느낄 수 있다. 수많은 조직

을 경험한 사람 눈에는 뚜렷이 보인다. 엘리베이터를 타고, 사무실을 지나만 가도 이 조직이 어떤 조직인지 알 수 있다. 임원 회의에 30분만 참석해보면 그 조직의 특성이나 문제점이 보인다. 조직문화를 개선하고자 한다면 가장 먼저 기업이 어떤 조직문화를 가졌는지부터 파악해야 한다. 세계 최고의 경영사상가 찰스 핸디Charles Handy의 조직문화 유형을 통해 현재 우리 기업이 어디에 속해 있는지 알아보자. 그는 격식의 정도와 중앙집중도를 축으로 조직문화를 네 가지로 구분했다.

1. 역할 중심 문화다. 격식은 엄격하지만 지방분권형이다. R&R이 명확하다. 자신이 할 일과 하지 말아야 할 일이 무엇인지 잘 알고 있고, 조직이 매우 전문화되어 있다. 의사소통과 이견해소에 많은 시간을 쓴다. 관료조직이 여기에 속한다.
2. 격식도 엄격하고, 중앙집권 정도도 강한 권력 중심 문화다. 강력한 권한을 가진 한 사람 또는 소수의 핵심 인물에 의지한다. 소통은 상의하달식이고 일은 일사불란하다.
3. 업무 중심 문화다. 성과에 초점을 둔다. 조직 목표에

도달하기 위한 팀워크와 협력을 중시한다.

4. 철저한 개인 중심 문화다. 격식도 없고 분권화 되어 있다. 조직 전체보다 한 사람 한 사람의 가치를 중시한다. 사교를 목적으로 하는 모임이나 단체가 여기에 해당한다.

시장 위험도와 시장 반응 속도를 축으로 다음과 같이 구분할 수도 있다.

1. 터프가이 마초 문화다. 기꺼이 위험을 즐기고 결정에 대한 시장 반응을 빠르게 확인할 수 있는 조직이다. '모두 얻든지 아니면 모두 잃든지'의 문화다. 자기만족을 극대화하고 스타를 꿈꾸며 일한다. 엔터테인먼트나 투자, 광고업계에서 자주 볼 수 있다.
2. 일할 땐 열심히 일하고 놀 때는 신나게 노는 문화다. 영업이 대표적이다. 매우 높은 에너지를 발휘하고 때론 긴장감이 넘친다. 최고의 실적을 올린 사람이 영웅으로 대접받는다.
3. 전심 전략형 문화bet-your-company culture다. 의사결정의 위험부담이 크다. 일에 대한 성과 확인에 몇 년의 시

간이 필요하다. 제약회사나 석유, 가스탐사 회사가 여기에 속한다. 옳은 결정이 매우 중요하므로 계획하고 준비하고 행동하는 모든 단계에서 상당한 노력을 기울여야 한다.

4. 과정 중시 문화다. 시장 반응이 느리고 위험이 크지 않다. 각각의 거래가 조직의 성공에 별다른 영향을 미치지 못하고, 결정의 옳고 그름도 오랜 시간이 흐른 뒤 가려진다. 즉각적인 시장 반응을 확인하기 어렵기 때문에 직원들은 자기가 일을 잘한 것인지 평가하기 어렵다. 무엇을 하는가 보다 어떻게 하는가에 관심을 두는 경향이 있다. 대형 소매회사나 보험회사, 정부 조직이 있다.

모든 것에는 다 이유가 있다. 회사가 위계질서를 강조할 때는 그만한 이유가 있기 때문이다. 오히려 그런 조직에서는 자율을 강조하는 게 맞지 않을 수 있다. 모든 조직이 톱니바퀴처럼 맞아 움직이는데 자율성을 강조하면 그건 톱니바퀴 보고 알아서 따로 돌라고 주문하는 것과 같기 때문이다. 주인의식도 그렇다. 많은 기업들이 주인의식을 가지라고 교육하지만, 기존의 관료적인 조직에서 주인의식을 갖기란 쉽지 않다. 일방적으로 지시하고 순응을 요구하는 권위주의 문화에서 어떻게 주인의식을 가질 수 있겠는가? 주인의식 대신 머슴의식만 생겨날 뿐이다. 잔소리나 강요를 통해 일을 시키고, 야단치고 윽박지르며, 지시하고 통제하면서 주인의식을 바란다면 그건 연목구어緣木求魚다. 나무에서 물고기를 찾는 것과 같다. 말하는 사람은 답답하고, 듣는 사람은 힘들 뿐이다. 차라리 "당신들은 생각하지 말라. 그냥 지시대로 움직여라"라고 말하는 게 더 생산적일 수 있다. 직원들을 머슴처럼 대하면서 직원에게 주인의식을 강조하는 일은 제발 하지 말길 바란다. 캐나다의 연구 중심 공립 종합대학 맥길대학교의 헨리 민츠버그Henry Mintzberg 교수는 이렇게 말했다.

> "조직문화는 빙산과 같다. 눈에 보이는 요소와 수면 아래 보이지 않는 요소를 모두 가졌다. 조직문화는 조직의 영혼이다. 신념과 가치관이며 그것을 구현하는 방법이다. 조직구조는 뼈와 살과 피다. 문화는 이것들을 한데 모아 생명력을 불어넣는 영혼이다."

그러므로 무엇보다 가장 먼저 할 일은 진단이다. 우리

조직이 현재 어떤 조직문화를 가졌는지 살펴봐야 한다. 그 다음 왜 이런 문화를 갖게 됐는지 보라. 단순히 '나쁘다, 아니다'가 아니라 냉정하고 객관적으로 살펴봐야 한다. 그러고 나서 왜 조직문화를 바꾸려고 하는지, 어떤 조직문화를 갖고 싶은지, 그렇게 하려면 하지 말아야 할 것과 해야 하는 것이 무엇인지 하나씩 해결해나가면 된다.

변화는 애자일하게

조직문화가 변화를 시도하고 있다. 실제로 변화가 필요한 것들도 많지만, 이런 시도를 하나의 지시로 받아들여서는 안 된다. 변화가 추구하는 바를 이해하고, 관점부터 새롭게 가져야 한다. 우선 그동안 내가 가졌던 생각부터 점검해 보자. 나를 돌아보지 않으면 새로운 문화를 받아들이기 어렵다.

'애자일'이란 단어를 들어본 적 있을 것이다. 애자일은 원래 IT업계에서 주로 쓰던 단어로 변화를 빠르게 파악하고 민첩하게 대응하는 것을 뜻한다. 민첩성을 강조하며 '애자일하게', '애자일한'과 같이 사용하기도 한다. 장재웅, 상효이재가 쓴《네이키드 애자일》이란 책에서는 애자일을 방법론이 아니라 문화이자 철학이라고 말한다. 주체적 사고와 행동의 자유를 허락하는 문화, 능력 범위 안에서 도전적인 업무를 수행할 수 있고 이에 대한 가치를 인정해주는 문화, 소통과 공감에 기반해 상호 피드백함으로써 공동체, 사회적 자본을 지지하는 문화가 곧 애자일 경영이 추구하는 문화의 본질이라고 한다. 또한 저자는 다음과 같은 말한다.

> "애자일 경영을 도입하고자 한다면 인간, 인재, 성공에 대한 근본적 관점부터 변해야 한다. 새로운 관점에서 지금의 구조, 프로세스, 체계, 하물며 당신이 쓰고 있는 언어적 표현까지도 면밀히 들여다봐야 한다."

미국의 필름, 카메라 브랜드 코닥은 기술과 데이터를 기민하고 효율적으로 사용하는 운영 방법이 없어서 새로운 기술을 개발해 놓고도 이용하는 데 실패했다. 기술과 데이터를 이용하면서 오래된 경영기법을 적용하는 건 말을 타고 고속도로를 달리는 것과 같다. 애자일 경영은 하향식 관료주의와의 작별을 의미한다. 상사가 일일이 명령하는 구조에서는 창의성과 협력을 장려할 수 없기 때문이다. 그렇다면 여러 단계의 수직적 명령 체계를 가진 기존 조직은 어떻게 해야 민첩해질 수 있을까?

애자일 경영의 핵심은 작은 팀의 법칙이다. 크고 복잡한 문제를 해결하려면 소규모의 자율적인 기능혼합팀에 일을 맡겨야 한다. 작은 단위로 일을 쪼개서 짧은 주기로 반복적으로 작업해야 한다. 둘째, 고객의 법칙이다. 시장권력은 이미 판매자에서 구매자로 이동하고 있다. 시장에 변화가 감지되면 그에 맞춰 빠르게 방향을 수정할 수 있는 능력을 획기적으로 높여야 한다. 마지막으로 네트워크의 법칙이다. 조직을 기민하게 만들려면 통제를 포기해야 통제할 수 있다. 통제력을 버릴수록 통제력은 더 강해진다. 그래서 애자일한 조직문화를 가진 회사의 리더는 군림하는 강한 전사라기보다 큐레이터나 정원사에 가깝다. 애자일 조직의 특징을 좀 더 알아보자.

첫째, 계획 세우기에 과도한 시간과 비용을 투입하지 않는다. 애자일 조직은 기업들이 매년 세우는 연 단위, 분기 단위 사업전략에 비판적이다. 점점 더 빠르게 변화하는 경영환경에서 예언과도 같은 전략은 의미가 없다. 애초부터 전략은 예측이나 예언이 아닌, 예측 불가능한 환경에서 끊임없이 가설을 세우고 실험을 반복하는 것이다.

둘째, 고객과 접점에 있는 조직과 구성원에게 권한을 위임한다. 기존 조직에서 권한은 곧 권력이다. 경영진은 권한을 손에 쥐고 놓지 않는다. 하지만 애자일 조직에서는 개개인에게 더 많은 권한을 주면, 그 권한이 협력을 이끈다고 본다.

셋째, 민첩하면서도 효과적인 의사결정이 이뤄진다. 애자일 조직은 역할을 명확히 하면서도 상당한 수준의 자유와 재량권을 갖는다. 무엇보다 실패에 대해 추궁하지 않는다. 이를 통해 안정적이면서도 변화에 신속히 대응할 수 있다.

넷째, 정보가 모두에게 높은 수준으로 공유된다. 모든 정보가 경영진에게만 제공되어 경영진이 의사결정을 주도하는 기존 조직과 달리 애자일 조직은 의사결정에 필요한 정보가 단위조직까지 내려와 모두가 가능한 한 질적인 정보를 접해 최선의 의사결정을 내릴 수 있도록 돕는다.

다섯째, 빠른 속도나 저렴한 비용을 뜻하지 않는다. 애자일은 효율성보다는 효과성에 집중한다. 효과성의 초점은 속도가 아니라 성장이다.

변화에 애자일하게 대응하기 위해서는 실수를 자연스

러운 것으로 받아들이고 격려하는 문화를 만들어야 한다. 우리는 모두 실수를 통해 성장한다. 실수는 막아야 하는 부정적인 것이 아니라 성장하는 과정에서 당연히 거쳐야 하는 자연스러운 것이다. 실수를 막기보다는 자연스럽게 공유하고 협력해서 관리하는 방향으로 초점을 바꿔야 한다. 애자일 조직으로 전환하고자 한다면 먼저 조직의 가치사슬별로 현재 의사결정이 어떻게 이뤄지고 있는지 파악해야 한다. 옳은 결정이 적시에 이뤄지고 있는지, 결정을 위한 시간과 비용이 생산적이었는지 등 현재 의사결정의 효과성을 파악해 개선되는 방향으로 조직 개편이 이뤄져야 한다.

문화는 사람이 만든다

금품수수와 같은 비리에서 자유로운 기업이 몇이나 될까? 우리는 범죄 혐의로 수사를 받고 구속되는 기업의 뉴스를 종종 본다. 이런 뉴스를 접할 때면 늘 이런 생각이 든다. "그런 거액의 비리를 혼자 할 수는 없다. 조직적으로 움직여야 가능하다. 상사가 지휘를 하건 묵인을 하건 실무자 혼자 할 수 있는 일은 아니다." 또 다른 한편으로는 '부패한 조직에서 윤리나 도덕이나 생산성 같은 말이 먹힐 수 있을까'하는 의구심도 생긴다. 결론은 조직문화가 부패했기 때문에 가능한 일이라는 것이다.

기업의 조직문화는 그 조직을 구성하는 구성원들이 만들어가는 것이다. 평소 CEO가 복도에서 처음 보는 직원에게 하는 인사, 타 부서의 업무협조 요청을 처리하는 직원의 말과 태도, 고객 불만을 해결하는 직원의 행동, 실수한 직원에게 건네는 부서장의 말 등이 모여 조직문화가 된다. 그러므로 조직문화를 바꾸기 위해서는 먼저 행동부터 바꿔야 한다. 그런데 행동을 바꿔 문화를 변화시키는 일이 쉬울까?

도요타와 GM의 합작회사 뉴 유나이티드 모터스 매뉴팩처링NUMMI은 조직문화를 바꿔 경쟁력 있는 회사로 재탄생한 대표적인 사례다. 이 회사는 원래 캘리포니아에 있던 GM 공장이었는데, 생산성이 너무 낮아 폐쇄한 후 도요타가 경영하는 조건으로 재가동했다. 그런데 도요타가 경영권을 잡은 후부터 놀라운 변화가 일어났다. 도요타는 전 직원의 85%를 그대로 유지했고 장비도 그대로 사용했지만, 결근율은 20%에서 3%대로 낮아졌고, 노사문제도 사라지고 GM 공장 중 생산성이 가장 높은 공장으로 변신했다. 도대체 무슨 일이 일어난 것일까?

변화의 답은 기술이나 직원들의 능력 차이가 아니었다. 매뉴팩처링이 추구하는 상호신뢰와 존중의 가치를 실제 경영에 적용했기 때문이다. 경영진은 직원들이 자기 일에 책임감을 가지고 능동적으로 기여하기를 원했고, 또 그렇게 믿었으며 그에 따른 대우를 해줬다. 그러자 조직문화가 변하기 시작했다. 이들이 새롭게 만든 문화는 '직원 간 협동, 동료애, 규칙준수, 정직, 성실, 그리고 생산성과 품질의 중요성에 대한 인식' 등이다. 평범하고 어디서나 볼 수 있는 내용이지만, 중요한 것은 실제 직원들이 이런 변화를 어떻게 인식하느냐다.

GM을 거쳐 매뉴팩처링의 직원이 된 어떤 사람은 이 변화에 대해 이렇게 말했다. "예전에는 회사가 시키는 대로 하면 그만이었어요. 한 번은 실수로 볼트 하나가 빠진 것을 발견하고 상사에게 이야기했더니 '왜 자꾸 그래, 이 차를 자네가 살 건가? 그냥 넘어가'라고 말했습니다. 그리고 공장 문을 닫게 되자 애꿎은 직원만 나무랐지요. 지금은 만드는 차에 자부심을 느낍니다. 회사가 직원을 존중하기 때문에 제 의견을 분명히 제시할 수 있습니다. 아침에 일어나면 출근이 기다려집니다. 예전보다 더 의욕적으로 일하고 있습니다. 상사의 일방적 지시에 따라 일할 필요가 없고, 아이디어를 이야기하면 모두 귀 기울여 줍니다. 그런데도 전보다 일처리가 훨씬 신속해졌습니다."

과거 회사 노조원이었던 한 직원은 이렇게 이야기한다. "저는 56살입니다. GM에서 31년간 일했습니다. 그런데 요즘에서야 처음으로 일하는 재미를 느낍니다. 일할 맛이 납니다. 지금 저는 제가 할 일과 그 방법을 스스로 결정합니다. 팀장은 일주일에 30분 정도 작업장을 둘러볼 뿐입니다. 성공의 가장 중요한 요소는 팀워크라 생각합니다. 팀워크만 좋다면 지금처럼 관리자가 관여하지 않아도 아무 문제없습니다."

매뉴팩처링은 전 직원이 공정하고 평등한 보상을 받고 있다고 느낄 수 있게 일률적인 임금 책정 방식을 채택했다. 새로운 기술이나 업무를 배웠다고 해서 경제적 보상이 늘지 않는다. 일률적인 임금을 사용하면 회사의 성공이 결국 모든 직원의 노력에 달려 있다는 확신을 더욱더 강하게 가지게 만든다. 매뉴팩처링의 성공비결은 세 가지다. 첫째, 회사와 노조가 공동운명체라는 것을 인식하고 공동의 목표를 인정한다. 둘째, 직원들이 자발적으로 일할 수 있도록 모든 직원을 공정하게 대우한다. 셋째, 협동정신과 상호신뢰 및 존중을 바탕으로 한다. 그중 가장 중요한 것은 직원존중이다. 기업이 낭비 요인을 줄이고 업무절차를 간소화하기 위해서는 현장 근로자들과 협력해야 한다. 그들을 돕고 그들의 생각에 귀를 기울이고, 기계가 고장 나면 관리자들은 자신의 책임이라고 생각하고 먼저 사과하는 게 좋다.

모든 일에는 다 이유가 있다. 조직문화도 그렇다. 직원이 게으르고 주인의식이 없는 데에는 그만한 이유가 있다. 도요타는 그 원인을 다 없애면서 이런 변화를 이룰 수 있었다. 조직문화는 결국 사람이 만드는 것이다. 개개인의 직원들이 무슨 생각을 갖고 일을 하느냐가 조직 전체에 나타나는 것이 조직문화다.

세상에 나쁜 문화는 없다

스타트업이 진화 발전하면서 여러 좋은 조직문화를 가진 회사들이 많아졌다. 예전의 형식적이고 획일화된 조직문화에 비하면 엄청난 발전이다. 스타트업의 일하는 방식이나 직원들을 위한 복지혜택, 근무 환경을 보면 나도 그런 회사에서 일하고 싶다는 생각이 든다. 그중에서도 가장 큰 변화는 자율 출퇴근제다. 얼마 전까지만 해도 '나인투식스9to6'라는 말이 있을 정도로 직장인들의 고유 업무시간이라는 게 있었다. 그런데 요즘 기업들을 살펴보면 자율 출퇴근제를 시행하는 곳이 많다. 사람마다 일의 효율이 좋은 시간대가 다 다른데, 기존의 획일적인 시간제한이 오히려 일의 능률을 저하할 수 있다고 생각하는 기업들이 많아진 것이다. 그렇다 보니 많은 기업들이 출퇴근 시간에 제한을 두지 않고 일정 시간 범위 안에서 자율적으로 선택할 수 있도록 하는 추세다.

이뿐만 아니라 휴가도 자유로워졌다. 조직에서 (샌드위치 휴일의 경우) 휴가를 권장하기도 한다. 휴가를 며칠을 쓰든 상관하지 않고 전적으로 개인에게 맡기는 회사도 있다. 이런 회사들을 보면 궁금증이 생긴다. '그렇게 해도 회사가 잘 운영될까?', '회사에 이익이 날까?' 이런 질문에 그들의 답은 하나다. "조직문화가 좋기 때문입니다." 그런데 과연 조직문화 덕분인지, 아니면 회사가 잘 됐기 때문에 조직문화가 좋아진 것인지, 앞으로도 지속 가능한 일인지 의문이 꼬리에 꼬리를 문다. 여기서는 최근 조직문화로 많은 관심을 받고 있는 세 회사를 통해 그 답을 알아보고자 한다.

첫째, 더핑크퐁컴퍼니다. 2010년 유아동 교육 기업 스마트스터디라는 이름으로 설립한 이 회사는 창업한지 10년이 넘었으니 이제는 스타트업을 넘어섰다고 할 수 있다. 핑크퐁을 비롯해 아기상어가 전 세계 어린이들의 사랑을 받으면서 크게 성장했다. 이 회사의 핵심은 자율이다. 말 그대로 알아서 하는 것이다. 누군가 지시하고 관리 감독하는 대신 직원 모두가 알아서 일한다. 상사에게 물어도 '알아서 하라'는 답변뿐이다. 평가도 자율적으로 한다. 스스로 목표를 세우고 자신이 세운 목표 대비 성과가 어떤지 본인이 직접 평가한다. 과연 이러한 시스템이 가능할까? 꿈같은 이야기라고 할 것이다. 만약 대기업에서 직원 스스로 목표를 세우고 평가하라고 하면 대혼란 그 자체일 것이다. 그런데 이 회사는 매출도 순이익도 계속 성장하고 있다. 자율적인 조직문화가 제대로 작동한 것이다.

더핑크퐁컴퍼니는 왜 이렇게 자율을 강조할까? 답은 간단하다. 자율성이 업의 특성과 맞기 때문이다. 자율성 없이 회사가 존재할 수 없다. 조직문화는 이런 것이다. 어떤 조직문화를 만들겠다는 목표로 조직문화를 만드는 것이 아니라 생존에 최적화된 방식을 찾다 보니 자연스럽게 문화가 만들어지는 것이다. 자율성을 아무리 강조한다고 해도 조직문화로 정착되는 것은 아니다. 때로는 너무 많은 자율성이 성과를 해치기도 하고 여타 다른 부작용을 낳기도 한다. 더핑크퐁컴퍼니처럼 창의성이 결정적인 덕목인 회사는 자율성이 맞기 때문에 자연스럽게 조직문화로 정착될 수 있었다.

둘째, 중고 거래 플랫폼 번개장터다. 중고 거래 붐을 일으킨 당근마켓 이전에 번개장터가 있었다. 번개장터는 온라인상에서 판매자와 구매자를 연결해주면서 생기는 이익으로 운영하는 회사다. 이 회사의 핵심은 '고객 이해'다. 아마존이 내세우는 고객에 대한 집착과 궤를 같이한다. 조직은 오직 '고객을 어떻게 하면 좀 더 만족시킬 수 있을까'를 고민한다. 업무 프로세스도 고객 이해를 잘하기 위해 만들어졌다. 중요한 의사결정도 고객의 목소리인 VOC와 고객 관련 데이터를 기준으로 한다. 아무리 바빠도 전 구성원이 앱에 올라온 1점짜리 평점은 꼭 본다. 고객의 흐름, 고객의 목소리를 놓치는 순간 조직은 생존할 수 없다는 걸 체득했기 때문이다. 당연히 조직문화도 고객의 행동, 고객의 목소리가 최우선이다. 채용 시 고객에 대한 공감 능력과 이해도를 가장 높이 본다. 때문에 고객 중심 사고가 약한 직원은 입사하기 어렵고, 혹 들어가도 버티지 못할 가능성이 크다.

셋째, 직무교육 서비스 회사 패스트캠퍼니다. 이 회사는 직장인들이 실전에 바로 활용할 수 있는 실무 교육 서비스를 제공하기 때문에 트렌드에 민감하다. 시기를 놓치면 배운 업무의 효용성이 떨어져 고객이 원하는 강의를 미리 파악하고 빨리 수업을 개설하는 것이 가장 중요하다. 그래서인지 이 회사의 조직문화 핵심은 권한위임이다. 상사가 가진 권한을 대폭 실무자에게 줬다. 실무자가 만들고 상사가 결제하는 식으로는 시장의 변화 속도를 감당할 수 없다. 실무자가 권한을 갖고 바로바로 교육을 만들고 제공할 수 있어야 한다. 채용과 제도도 권한위임이 잘 될 수 있게 만들었고 조직문화도 이에 맞춰 만들어졌다.

흔히 좋은 조직문화를 가졌다, 나쁜 조직문화를 가졌다는 이야기를 많이 한다. 하지만 여러 조직문화 사례들을 비교 분석해보면, 세상에 좋은 문화 나쁜 문화는 없다. 업의 특성에 적합한지 아닌지가 더 중요하다. 예를 들어 자동차 회사나 제철회사같이 중후장대한 조직에 너무 많은 자율성을 보장하면 어떻게 될까? 반대로 자유분방한 스타트업에 제철소를 맡기면 어떤 일이 일어날까? 아마 사건사고를 처리하느라 본 업무는 하지도 못할 것이다. 안전기준을 무시한 채 설계해 회사가 망할 수도 있다.

나는 조직문화는 크게 두 가지 요소가 화학반응을 일으켜 진화 발전했다고 생각한다. 하나는 회사를 만든 사람의 성격과 철학이고, 또 다른 하나는 그 회사가 제공하는 상품과 서비스의 본질이다. 모든 조직문화는 그렇게 된 이유

흔히 좋은 조직문화를 가졌다,
나쁜 조직문화를 가졌다는 이야기를
많이 한다. 하지만 여러 조직문화
사례들을 비교 분석해보면, 세상에 좋은
문화 나쁜 문화는 없다. 업의 특성에
적합한지 아닌지가 더 중요하다.

가 있기 마련이다. 그러니 함부로 조직문화에 대해 이렇다 저렇다 이야기하는 건 바람직하지 않다. 회사가 수십 년 넘게 잘 운영되고 있다면 그 회사에 적합한 문화를 가졌기 때문일 것이다. 문제는 새로운 사업을 할 때 혹은 변화하는 시대에 그 문화가 적합한가다. 예전에는 맞았지만, 지금은 아닐 수 있다.

조직을 성공으로 이끄는 결정적 차이

송파구에서
일 잘하는 방법

조직문화 개선의 필요성을 깨달았다면, 이제는 조직문화를 다시 만들어야 한다. 조직문화를 구축할 때 가장 먼저 할 일은 CEO의 미션과 비전이다. CEO가 어떤 철학으로 기업을 경영하는지를 보여주는 것인데, 말이 아닌 글로 옮길 수 있어야 한다. 타이레놀 독극물 사건으로 위기에 빠진 존슨앤드존슨을 구한 것도 그들의 신조credo, 즉 철학이었다. 존슨앤드존슨 신조의 핵심은 책임이다. 환자, 의사, 간호사와 아버지와 어머니, 우리의 상품과 서비스를 사용하는 모든 사람에 대한 책임, 같이 근무하는 직원에 대한 책임, 지역사회와 세계 공동체에 대해 책임, 마지막으로 주주에 대한 책임이다. 이는 이 회사가 무엇을 지향하고, 어떤 것에 가치를 두는지 명확히 보여준다.

1865년 창업자 로버트 존슨Robert Johnson이 실시한 신입사원 오리엔테이션 때 신조의 기초가 만들어졌다. 이후 이 신조는 전략적 결정과 사업전략 수립 시 기준 역할을 해왔고, 지금도 이를 주제로 토론하며 제대로 작동하고 적용되며 의미를 발휘하는지 확인한다. 존슨앤드존슨의 신조는 단지 종이에 인쇄된 문장이 아니다. 일상에 스며들어 생명력을 발휘하고 매 순간 살아 움직인다.

기업 미션과 관련해 또 하나의 대표적인 기업이 있다. 배달의민족이다. 그들의 행동 철학은 '송파구에서 일 잘하는 11가지 방법'이다. 소개하면 다음과 같다.

1. 9시 1분은 9시가 아니다.
2. 업무는 수직적, 인간관계는 수평적이어야 한다.
3. 간단한 보고는 상급자가 하급자 자리로 가서 이야기를 나눈다.
4. 잡담을 많이 나누는 것이 경쟁력이다.

5. 개발자가 개발만 잘하고, 디자이너가 디자인만 잘하면 회사는 망한다.
6. 휴가 가거나 퇴근 시 눈치 주는 농담을 하지 않는다.
7. 사실에 기반한 보고만 한다.
8. 일을 시작할 때는 목적, 기간, 예상 산출물, 예상 결과, 공유대상자를 생각한다.
9. 나는 일의 마지막이 아닌 중간에 있다.
10. 책임은 실행한 사람이 아닌 결정한 사람이 진다.
11. 솔루션 없이 불만만 갖게 되는 때가 회사를 떠날 때다.

배달의민족은 회사의 경영철학, 행동강령, 해야 할 것과 하지 말아야 할 것을 기업 미션에 명료하게 잘 표현했다. 2011년 창업 후 꾸준히 성장할 수 있었던 이유가 회사의 가치와 비전을 쉬운 말로 명료하게 표현했기 때문이다. 직원이라면 이 회사에서 어떻게 일해야 하는지 머리에 명확히 그려질 것이다.

조직문화는 미션과 비전에서 출발한다. 그리고 대부분 회사는 이를 가지고 있다. 문제는 너무 진부하다는 것이다. 무슨 말인지는 알겠는데 전혀 가슴에 와닿지 않는다. 비전은 교실 앞에 걸린 액자에 담긴 급훈이 아니라 직원들의 마음속에 담겨야 한다. 독서 플랫폼 밀리의 서재도 '밀리다움'이라는 비전이 있다. 서영택 대표는 한 언론과의 인터뷰에서 "배달의민족의 배민다움을 따라 했습니다. 대기업처럼 정형화된 평가 제도나 규정보다 밀리가 일하며 스스로 만들어온 분위기가 직원들을 더 강한 힘으로 움직이고 있다고 생각합니다. 물론 인원이 더 많아지면 새로운 방법을 고민해야 겠지만, 그때도 밀리다움을 잊지 않으려고 합니다. 그게 밀리를 이만큼 성장시킨 원동력이니까요"라고 말했다.

넷플릭스의 컬처데크도 유명한 기업 미션이다. 컬처데크는 파워포인트로 제작된 일련의 프레젠테이션이나 슬라이드로 이뤄져 있으며, 성공에 문화가 얼마나 중요하고 그것을 구축하기 위해 어떤 구체적인 행동이 필요한지 등을 상세히 담아냈다. 받아들여지지 않거나 해고에 이를 수 있는 구체적인 업무방식이나 관행까지 세세히 설명한다. 하지만 그 안에 담긴 메시지는 간단하다. 회사의 문화나 분위기는 이러하니 마음에 들지 않으면 지원하지 말고, 지원하고 싶다면 그 문화를 진지하게 받아들이라는 것이다. 여기서 넷플릭스의 행동강령을 몇 가지 소개하면, "당사자 앞에서 말할 수 있는 것만 말하라. 솔직한 피드백을 주고받아라.

'내가 뭘 개선해야 할까? 내가 어떤 피드백을 주지 않았을까?'를 생각해라. 유아독존형은 안 된다. 늘 최상의 컨디션을 유지하라. 대인관계 능력을 키워라. 관리 감독 대신 직원 스스로 회사에 가장 이로운 선택을 할 수 있게끔 자율적인 환경을 만들어라" 등이 있다.

요가복계의 샤넬이라 불리는 룰루레몬의 미션선언문도 인상적이다. 수십 가지 내용 중 몇 가지만 살펴보면, "친구는 돈보다 중요하다. 두려워서 주저하던 일을 하루 한 가지씩 하라. 듣고, 듣고, 또 들은 후 전략적 질문을 던져라. 인생은 좌절로 가득 차 있는데 성공은 좌절을 어떻게 다루는가에 따라 결정된다. 춤추고, 노래하고, 치실을 사용하여 치아를 관리하고, 여행하라. 세상은 너무 빠른 속도로 변하고 있다. 그 변화를 확인하기 위해 기다린다면 너무 뒤처진다. 지금 행동하라. 지금 당장 행동에 옮겨라. 깊이 숨을 들이쉬고, 그 순간을 감사하라. 그 순간을 산다는 것이 인생의 의미일 수도 있다. 하루 한 번은 땀을 흘려라. 피부재생에 도움을 준다"가 있다.

효과적인 미션선언문에는 최소 세 가지 요소가 필요하다. 첫째, 명료하고, 정직하고, 직접적인 언어다. 회사의 청소부나 경비원도 그 내용을 이해하고 공감한다면, 그 미션선언문은 효과를 발휘할 수 있다. 둘째, 측정 가능한 행동을 요구해야 한다. 언제, 어떤 행동을, 얼마나 하기를 원하는지 구체적이어야 한다. 셋째, 누구나 쉽게 이해할 수 있어야 한다. 스티브 잡스는 아이팟을 출시하면서 "1천 곡의 노래를 당신 주머니에 넣어주겠다"라는 분명한 목표를 제시했다.

조직문화를 통해 높은 성과를 내고 싶다면 지금의 지루하고 낡고 뻔한 소리를 하는 미션선언문부터 바꿔라. 왜 우리가 사업을 하는지, 핵심 이해당사자가 누군지, 그들에게 어떤 가치를 두고 싶은지, 어떤 기업으로 기억되고 싶은지를 심도 있게 논의하라. 그리고 이를 짧지만 강력하고 호소력 있는 말로 표현하라.

공유는
구축의 기초다

바람직한 조직문화를 만들기 위해 기업의 철학을 세웠다면, 기업이 가진 생각과 가치관을 정리해서 구성원들과 공유하는 것이 필요하다. 누구나 가치를 갖고 있다. 다만 인지하지 못할 뿐이다. 조직도 그렇다. 어느 조직이나 지향점이 있고 거기에는 왜 그곳을 향하는지에 대한 가치가 숨어 있다. 그러므로 그 가치를 발굴해 재정립하는 프로세스가 필요하다. 만약 애매모호하다면 명료하게 하는 일부터 하자. 그리고 전 직원에게 공유하자. 이와 관련해서 전 LG화학 기술연구원 원장이자 《연구원은 무엇으로 사는가》의 저자 유진녕의 생각을 인용한다.

"공유가치는 문화를 구축하기 위한 기초 공사다. 구성원들이 자율적으로 판단하고 실행할 수 있게 돕는 나침반 역할을 한다. 나는 LG화학 기술연구원의 공유가치를 '신뢰, 창의, 도전, 프로 정신'으로 정했다. 물론 회사의 공유가치가 있지만 그것을 구현하기 위한 연구 부문의 공유가치를 별도로 만든 것이다. 그중 으뜸은 신뢰다. 신뢰는 나머지 세 가지 가치의 기반이 되는 인프라와 같다. 신뢰 없이는 나머지 것들이 작동하지 않는다. 신뢰라는 주춧돌 위에 창의, 도전, 프로 정신이라는 기둥이 만들어져야 폭풍우에도 끄떡없는 집을 지을 수 있다.

공유의 중요성을 모르는 사람은 없다. 다만 조직에서 실행하기 쉽지 않은 일이다. 협업이 어려운 건 신뢰 부족이다. 협업을 통한 연구개발에서 문제가 되는 것 중 하나는 각자의 기여 부분을 어떻게 인정할 것인지다. 예를 들어 한 연구원이 동료로부터 좋은 아이디어를 얻어서 문제를 해결했다고 하자. 그런데 이 연구원이 자기가 모든 것을 해결한 것처럼 공표하고 다닌다면 아이디어를 준 동료들은 더 이상 그

공유가치는 문화를
구축하기 위한 기초 공사다.
구성원들이 자율적으로 판단하고
실행할 수 있게 돕는
나침반 역할을 한다.

연구원과 경험, 지식, 기술을 공유하지 않을 것이다. 기여에 관한 알맞은 기준을 세워 인정해주지 못하면 신뢰는 무너진다. 이 같은 상황을 방지하려면 특허 출원이나 논문 발표 시 연구 기여도를 제대로 반영하고, 성과에 대한 포상에도 기여한 사람들을 빠짐없이 포함하는 노력이 필요하다. 물론 이러한 노력만으로는 기여도 평가에 관한 문제를 해결하기는 어렵다. 신뢰를 위한 제도적 장치도 중요하지만, 우선 직원들 간에 신뢰를 만드는 것이 더 중요하다. 신뢰 없이는 시스템도, 제도도 작동하지 않는다. 다른 사람을 위해 내가 노력한 부분을 그 사람이 인정해주고, 나도 다른 사람의 기여를 인정하겠다는 상호신뢰가 없으면 서로 간 협력은 불가능하며 좋은 연구 결과도 나올 수 없다. 이때 리더의 역할이 중요하다. 객관적이고 합리적인 평가를 할 수 있도록 중간 역할을 잘해야 한다. 신뢰가 무너지면 모든 것이 무너진다.

창의는 연구개발 조직에서 특히 중요하다. 연구소에서의 창의는 단순한 발견과 깨달음을 넘어 고객을 염두에 둔 새로운 아이디어를 의미한다. 이게 고객에게 실제로 어떤 가치를 줄 수 있는지 생각해야 한다. 기막힌 기술도 새로운 가치를 만들지 못하면 의미가 없다. 연구원 자신이 아닌 고객을 위한 가치 창조에 초점을 맞춰야 한다.

내가 생각하는 도전은 새로운 시도다. 실패를 두려워하는 대신 실패해도 좋으니 내 아이디어를 한번 실행해보는 것이다. 모든 성공 뒤에는 도전이 있다. 도전 없는 성공은 존재하지 않는다. 조직은 이것을 문화로 만들어야 한다. 새로운 일에 과감히 도전할 수 있는 분위기를 조성해야 한다. 높은 목표를 향한 도전이 실패해도 도전의 가치를 인정해주고 다시 도전할 수 있도록 기회를 줄 수 있어야 한다.

창의와 도전이 조직 차원의 가치라면, 프로 정신은 개인 차원의 가치라 할 수 있다. 내가 생각하는 프로 정신은 '스스로에 대한 엄격함'이다. 느슨한 자신을 용납하지 않는 사람이야말로 진정한 프로다. 예를 들어 프로 야구 선수는 경기 시간에 절대 늦지 않는다. 그들은 몇 시간 전에 도착해 스스로 몸을 풀고 경기 전 최고의 몸 상태가 될 수 있도록 준비한다. 감독이 시킬 필요가 없다. 프로는 자신에게 엄격하고, 맡은 일에 최선을 다하며, 자신이 한 일에 대해 냉정히 평가받는다. 주변에서 변명의 이유를 찾지 않고, 평가 결과를 겸허히 받아들인다. 스스로에 대한 엄격함으로 무장된 직원들은 상사의 규제와 관리가 필요하지 않다. 이런 직원들이 있는 조직은 자율적으로 움직인다."

당신은 이 글에 대해 어떻게 생각하는가? 혹시 너무 뻔하다고 생각했는가? 신뢰, 창의, 도전, 프로 정신 중 새로운 건 하나도 없다. 기업마다 이 중 한두 개는 꼭 있다. 그만큼 중요한 요소이기 때문이다. 이것과 반대로 하겠다는 조직은 본 적이 없다. "우리 조직에 신뢰나 창의는 필요 없습니다. 여러분은 그저 시키는 일이나 열심히 하면 됩니다"라고 말하는 모습은 상상하기 어렵다.

유진녕 원장은 이를 구현한 사람이다. 그는 기본적으로 사람에 대한 관심이 많다. 태생적으로 직관이 발달했고, 사람에 대한 측은지심이 있어 리더들이 갖지 못하는 인간적인 매력을 가지고 있다. 그는 윗사람과 아랫사람 사이에 신뢰를 만들고, 갈등을 조정하고, 그 사람에게 맞는 업무를 부여하고, 그들의 불만을 해소하는데 가장 많은 에너지를 쓴 결과 신뢰를 만들었다. 현재 그는 조직을 떠났지만, 여전히 많은 직원들이 그를 찾아오는 걸 보면 알 수 있다.

문화를 시스템화해라

앞서 바람직한 조직문화를 만들기 위해서는 먼저 기업이 가진 생각과 가치관을 정리하고, 직원들과 공유하는 것이 중요하다고 이야기했다. 기업의 목표는 무엇인지, 기업이 소중하게 생각하는 가치와 이념은 어떤 것인지, 왜 조직이 존재하는지를 생각하고, 이를 직원들과 토론하고 그 과정을 통해 가치와 목표를 재정립하고 공유해야 한다. 그렇다면 그다음을 무엇일까? 바로 시스템이다. 우리가 생각하고 원하는 것이 조직문화로 자리 잡기 위해서는 시스템적 뒷받침이 필요하다.

혁신의 아이콘 3M을 보면 아이디어를 얻을 수 있다. 3M의 조직문화는 혁신과 창의성이다. 계속 혁신하고 새로운 걸 만들어내는 것이 3M의 조직문화다. 그들은 '새로운 제품 아이디어를 죽이지 않고, 완벽한 정직성, 개인의 창의성과 개인적 성장 존중, 선의의 실수에 대한 관대함, 제품 품질과 신뢰성, 문제 해결이 본질적 업무'라는 가치관을 정착시키기 위한 일곱 가지 시스템을 갖고 있다.

1. 15% 원칙이다. 기술직 직원들에게 자신이 선택하고 고안한 프로젝트에 근무 시간의 15%를 투자하도록 독려하는 3M의 오래된 전통이다. 업무 시간의 일정 부분을 혁신 활동에 투자할 수 있다.
2. 25% 원칙이다. 각 사업부는 최근 5년 동안 시장에 내놓은 신제품과 서비스에서 총매출의 25%를 올려야 한다. 이를 지키기 위해서는 늘 새로운 제품개발에 힘써야 한다.
3. 성공적으로 신규사업을 일으킨 사람들에게 '위대한 전진상'을 수여한다.
4. 연구진이 신제품을 만들고 이를 시장에서 시험하는

것을 돕기 위해 5만 달러 범위에서 사업자금을 지원한다.

5. 뛰어난 기술적 기여를 한 사람들만 들어갈 수 있는 '칼턴회'라는 기술자 모임을 운영하고 있다.
6. 성공적으로 신제품을 개발하면 그것을 자신의 프로젝트, 부서, 혹은 본부에서 운영할 수 있도록 하는 제도가 있다.
7. 기술직과 전문직 종사자를 위해 이중 경력관리제도를 운영한다.

3M도 한때 위험에 처한 적이 있다. 처음으로 GE 출신 경영자를 영입했는데, 그는 관리에 정통한 사람이었다. 그래서 돈이 되지 않는 것, 낭비 가능성이 있는 것, 쓸데없다고 판단되는 모든 비용을 삭감하는 바람에 3M의 조직문화가 제대로 작동하지 못했다.

라이프 스타일 플랫폼 아이디어스idus도 이를 잘 실천하는 회사다. 이들이 가장 먼저 한 건 말로 하는 게 아니라 글로 정리하는 명문화였다. 지나온 길을 돌아보며 조직문화를 하나씩 복기하고 명문화했다. "사실 초창기에는 문화를 명문화하는 것에 대한 거부감이 있었다. 직원 모두가 성인

인데 각자 알아서 할 수 있는 것 아닌가 싶었다. 하지만 암흑기를 거치면서 두 가지 생각을 하게 됐다. 모두의 생각이 같을 수는 없지만, 일하는 방식에 대해서는 싱크를 맞추는 것이 꼭 필요하다. 모호한 말과 이미지는 서로 다르게 해석할 수 있기에 구체적인 단어와 문장으로 명문화하는 게 중요하다." 그 결과 다음과 같은 문화가 만들어졌다.

> "One Team, 우리는 한 팀입니다. Be open, 우리는 오픈 커뮤니케이션을 합니다. Action, 우리는 항상 빠르게 시도합니다. Aim high, 우리는 높고 담대한 목표를 추구합니다. Be professional, 우리는 프로페셔널을 추구합니다. Be a superb colleague, 우리는 서로에게 최고의 동료가 됩니다."

다음은 인재상을 바꿨다. 처음 인재를 영입할 때는 후보자 역량에 초점을 맞춰 무조건 능력이 뛰어난 사람을 영입했지만 그게 오히려 독이 됐다. 이후 채용 기준을 조직문화에 맞췄다. 단순히 면접 통과가 중요한 게 아니라 서로가 맞는지를 봤다. 평가와 보상에 있어서도 성과보다 얼마나 아이디어스답게 일했는가를 살펴보는 데 집중했다. 조직문화 적합성culture fit이 맞으면 당장은 부족해도 언젠가는 성과를 낼 것이라고 믿었다. 채용, 평가와 보상 등에도 적합성을 연계하다 보니 조직문화의 변화를 느낄 수 있었다.

마지막은 체득이다. 경영진뿐 아니라 직원들에게도 느끼게 하는 것이다. 문화는 그럴듯한 구호를 외친다고 바꿀 수 있는 게 아니다. 일상에서 자주 접하고 체화할 수 있어야 한다.

핵심가치가 조직문화로 정착되기 위해서는 다음 네 가지 요소가 필요하다. 첫째, 의도적으로 설계되어야 한다. 둘째, 리더가 이끌어야 한다. 셋째, 문화라고 느끼는 틀 안에서 이뤄져야 한다. 넷째, 공통의 언어를 공유해야 한다. 이 중 리더가 이끌어야 한다는 것이 특히 중요하다. 조직문화는 위에서 만들어 아래에서 실행하는 것이 아니라, 일상에서의 핵심가치를 수용하고 그것을 자발적으로 현장에서 실행할 수 있게 해야 한다. 조직에서 만들어진 문화가 일상에 적용되는 것이 더욱 중요하다. 자발성이 바탕이 되지 않은 문화는 생명력이 약하고 오래가지 못한다. 다이어트 이론을 잘 안다고 다이어트를 잘하는 것이 아니듯, 조직문화는 사업성과 같은 계량적 목표보다는 직원들 스스로 자기를 비춰볼 수 있는 자기 성찰적 거울 역할을 한다. 그래야 조직이 진정한 의미의 공동체로서 역할을 할 수 있다.

채용과 배치의 중요성

공장의 문제점 해결을 위해 3명이 한 팀을 이뤄 1년간 파견 근무를 한 적이 있다. 한 사람은 나이가 많은 현장 출신(이하 A)이었고, 다른 한 사람은 전문학교를 나온 20대 후반의 젊은 친구(이하 B)였다. 두 사람 다 현업에서 밀려난 상태였다. A는 오랫동안 현장 책임자 생활을 했지만 우유부단하고 리더십이 부족해서, B는 사사건건 반항을 한다는 이유에서 밀려났다. 이 사실을 안 나는 어떻게 일을 해야 할지 시작부터 막막했다. 하지만 실제 같이 일을 해보니 그렇지 않았다. 책임감도 강하고 피드백도 빠르고 충성심도 있었다. 우리는 손발이 척척 맞았고, 두 사람의 헌신적인 도움으로 공장의 문제를 완벽하게 해결할 수 있었다.

그들은 이전 조직에서 왜 좋은 평가를 받지 못한 것일까? 유능과 무능의 기준이 무엇이길래 유능한 직원이 무능한 직원으로 낙인 찍힌 것일까? 그렇게 평가됐을 때 극복할 수 있는 방법은 없을까?

두 사람이 자기 역량을 십분 발휘한 것은 나와 궁합이 잘 맞았던 탓도 있었지만 공장에 와서 했던 업무 자체가 그들에게 맞았던 이유도 컸다. A는 큰 조직을 다스리고, 직원을 통솔하는 데는 미숙했지만 순발력과 대인관계가 좋았다. B는 사람과 접촉하는 일보다는 설비와 장비 문제를 찾아내고 처방하는 데 탁월했다. 그들의 문제는 기업에서 직원 개개인의 역량을 살리지 못했기 때문이다.

리서치 전문업체 갤럽은 지난 25년간 관리자를 대상으로 "탁월한 관리자는 어떤 방식으로 유능한 직원을 찾고 그들의 잠재력을 극대화시키는 것일까?"라는 조사 프로젝트를 진행했다. 결과는 의외였다. 어떻게 일하느냐보다 누구와 일하느냐가 더 중요했다. 그들은 이렇게 말했다.

"채용이 가장 중요합니다. 버스가 어느 방향으로 갈지 보다 버스에 어떤 사람을 태울지를 먼저 결정해야 합니다. 올바른 사람을 태우면 다른 것은 문제되지 않습니다. 하지만 잘못된 사람을 태우면 사사건건 문제가 됩니다. 문제가 되지 않을 것도 문제가 됩니다. 비전이나 동기 부여는 그다음 문제입니다. 가장 중요한 것은 채용입니다. 적합한 자리에 배치하고 그들의 장점을 끄집어내는 일입니다. 이는 결코 쉬운 일이 아닙니다."

사람은 쉽게 바뀌지 않는다. 물론 비용과 시간을 투자해 변화시킬 수는 있겠지만, 실로 어마어마한 비용이 든다. 탁월한 관리자는 이를 깨닫고 더 나은 방법을 찾아내는 사람이다. 그래서 그들은 사람을 변화시키기보다 채용과 배치에 더 공을 들인다. 조직문화를 결정하는 가장 중요한 요인은 사람이기 때문이다. 아무리 뛰어나도 맞지 않은 사람을 뽑으면 조직문화는 망가진다. 갤럽의 조사 프로젝트를 이끈 마커스 버킹엄Marcus Buckingham은 자신의 저서 《First, break all the rules》에 이를 담았다.

잘 나가는 조직은 채용 프로세스가 까다롭다. 리츠 칼튼 호텔이 그중 하나다. 리츠 칼튼 호텔은 말콤 볼드리지 국가 품질상MBNQA, Malcolm Baldridge National Quality Award*을 두 차례나 수상한 유일한 호텔로 채용과 관련해 두 가지 핵심원칙이 있다. 명확한 기준과 명확한 직원선발이다. 이들은 최고의 인적 자본 및 재능 관리 컨설팅 회사인 탤런트 플러스Talent Plus에 의뢰해 자신들의 조직문화에 적합한 직원선발을 위한 면접 프로세스를 새롭게 개발하고 모든 직원을 예외없이 이 과정을 거쳐 뽑았다. 1999년 설립된 자포스가 세계적인 온라인 신발 판매업체로 성장한 것 역시 원하는 문화를 명확히 하고 그 문화에 적합한 사람을 채용한 덕분이다.

채용 과정에서 가장 중요한 건 공정성이다. 기업에서 누가 인정받고, 어떤 사람이 승진하는지의 기준이 공정해야 한다. 물론 공명정대함을 미션으로 내세운다고 해서 그 회사의 조직문화가 공명정대함이 되는 건 아니다. 실제 그런 사람이 승진하고, 그렇지 않은 사람은 그렇지 못하게 만들어야 한다. 그런데 경영자들 중에는 자기 의견을 솔직하고 당당하게 이야기하는 사람을 원하면서, 그렇게 할 경우 불

* 1987년 당시 상무장관이었던 말콤 볼드리지가 미국 기업의 경쟁력을 높이기 위해 상품이나 서비스의 품질 관리가 뛰어난 기업에게 수여하는 국가 품질상을 만들었다. 시상식에 대통령이 직접 참석할 정도로 권위있는 상으로 경영품질의 노벨상이라고도 불린다.

이익을 주는 경우가 있다. 심지어 그런 사람을 해고하는 회사도 있다. 만일 회의 중 품질 불량이나 불편한 이슈에 대해 거침없이 의견을 말했던 직원이 얼마 지나지 않아 퇴사한다면 직원들은 소신 발언을 하거나 자신의 목소리를 높이거나 문제를 제기하는 것이 곧 회사에서 잘리는 길이라고 인식하게 될 것이다. 그렇게 되면 직원들은 더욱더 의견을 내지 않을 것이고, 경영진들은 직원들의 속내를 알기 어려워진다.

반면에 직원들은 경영자가 내세우는 미션과 비전이 입에 바른 소리인지 진심으로 그렇게 생각하고 행동하는지 인사 평가 결과를 통해 쉽게 알 수 있다. 직원들은 누가 승진했는지, 왜 승진했는지 이야기할 것이다. 만약 인사 평가가 제대로 이뤄지지 않는다면 직원들 사이에 회사에 대한 불만과 함께 균열이 생기게 된다. 부서에 적합하지 않은 사람이 배치되거나 일보다는 인사치레에만 열을 올리는 사람이 승진해 상사가 됐다고 생각해보라. 이는 한 사람이 아니라 조직 전체에 부정적인 영향을 미치게 된다.

제대로 된 평가가
제대로 된 문화를 만든다

"망할 구글을 끝장내겠어! 키보드도 없는데 비싼 아이폰을 사는 것은 어리석은 짓이야."

빌 게이츠에 이어 마이크로소프트를 이끈 전임 CEO 스티브 발머Steve Ballmer는 경쟁에서 밀리거나 자기 뜻대로 되지 않으면, 직원들 앞에서 소리 지르며 미친 듯이 분노했다. 그는 《포브스》가 뽑은 최악의 경영자로, 그 시절 마이크로소프트는 조직문화가 안 좋기로 유명했다. 조직을 이끄는

CEO의 모습이 그대로 마이크로소프트의 문화가 됐기 때문이다. 그는 업계에서 악의 축으로 규정한 리눅스를 사랑한다고 공개적으로 이야기하기도 했다.

거기에 모든 직원을 줄 세우는 스택랭킹 평가도 한몫했다. 10명이 있다면 2명은 우수, 7명은 보통, 1명은 부적절한 직원으로 등급을 매기는데, 누군가 우수직원이 되면 다른 누군가는 불량직원으로 평가받을 수밖에 없었다. 그래서 제품의 히트 여부가 중요한 게 아니라 다른 사람에게 어떻게 보이는지가 훨씬 중요했다. 서로가 서로에게 총을 겨누는 격이었다. 결국 발머는 자리에서 물러났고, 사티아 나델라Satya Nadella가 3대 CEO로 부임했다. 인도 출신인 그는 인간에 대한 연민과 공감 능력이 큰 사람으로 유명한데, 일례로 취임 첫날 직원들에게 '비폭력대화'를 다룬 책을 추천했다고 한다. 이후 마이크로소프트는 2020년 주주 수익이 1조 달러를 넘어섰고, 조직의 분위기는 180도 변했다.

바람직한 조직문화를 구축하는 데 있어 가장 중요한 키워드 중 하나는 평가다. 어떤 사람이 인정받고 승진하고 보상받는지에 따라 직원들의 행동이 달라진다. 핵심은 조직의 지향점대로 직원들이 움직이도록 평가하는 것이다. 한마디 말보다 제대로 된 평가가 사람을 움직이게 하는 힘이 더 크다.

그렇다면 어떤 평가가 바람직한 평가일까? 앞서 언급한 더핑크퐁컴퍼니를 한번 살펴보자. 이 회사는 자율문화를 가진 조직답게 평가도 획일적으로 하지 않는다. 획일적 기준으로 평가한다면 직원들이 하나의 기준에 따라 일할 수밖에 없다고 생각하기 때문이다. 평가 기준을 정해두는 대신 조직별로 평가할 수 있게 평가도 자율에 맡겼다. 어떤 일을 하느냐에 따라 일하는 방식이 다르므로 평가 방법도 달라야 한다는 게 회사의 생각이다. 인원이 적어 팀장이 모든 평가 권한을 갖고 있는 팀도 있고, 규모가 커서 정량적 평가 체계를 만들어 운영하는 팀도 있다. 비슷한 평가 체계를 가진 조직이라도 세부 항목은 천차만별이다. 팀 간 평가 차이가 너무 크면 안 되기 때문에 인사팀에서 조정은 하지만, 기본적으로 조직별 자율 평가를 원칙으로 한다.

"획일적 평가는 불가능하다고 생각해요. 개개인이 다 다른데, 어떻게 하나의 기준으로 점수를 매길 수 있겠어요. 게다가 그런 평가는 직원들의 자율성을 해칠 것이고, 이는 주도적으로 일하는 데 방해가 될 게 뻔하죠."

모바일 뷰티 플랫폼 화해를 운영하는 버드뷰도 주목해 볼 만하다. 이 회사는 어설픈 평가는 하지 않겠다고 선언했다. 직원이 성장해야 회사도 성장한다고 생각해서 직원을 성장시켜 회사를 키우는 선순환을 만들고자 했다. 이를 위해 선택한 것이 자율과 공유다. 자율은 성장에 꼭 필요한 요소다. 성장하기 위해서는 강점에 집중하고 잠재력을 발휘해야 하는데, 이는 자율문화 속에서 발현된다. 직원들은 상사의 승인 없이 휴가를 쓸 수 있고, 사전 공유만 하면 업무 시간에도 자유롭게 외출할 수 있다. 목표설정 및 관리도 모두 자율적으로 이뤄진다. 물론 자율적으로 일하되 결과에 대한 책임은 스스로 져야 한다. 회사는 직원들에게 책임을 묻지 않는다. 목표OKR는 있지만 목표 달성을 위한 도구이지 책임을 묻기 위한 것은 아니다. 도전을 위한 선택과 결정에 책임을 지면 한계가 있을 수밖에 없고, 책임을 묻는 순간 자율은 침해받는다고 생각한다. 대신 직원들은 본인이 맡은 업무에 대해 자발적 책임감을 갖고 일하고, 그것을 당연한 것이라고 생각한다. 무책임한 직원으로 인한 문제는 직원들이 알아서 해결하는데, 위에서 오는 압력보다 동료들 사이의 압력peer pressure이 더 무서운 법이다. 그래서 자율문화에는 공유문화가 함께 이뤄져야 한다. 업무, 개인별 목표, 일정, 각종 신청 내역 등 거의 모든 부분을 동료들과 공유할 필요가 있다.

> "공유하는 문화에 익숙하면 결과가 좋지 않아도 망설이지 않고 그 사실을 투명하게 밝히게 됩니다. 서로 편하게 피드백을 주고받을 수 있는 분위기가 생기면 직원 모두가 열심히 일하는 분위기가 만들어집니다. 무임승차자가 생길 일이 없습니다."

말은 쉽게 할 수 있지만 실행은 결코 간단치 않은 것 중 하나가 시스템이고, 평가는 그 핵심이다. 내가 생각하는 시스템의 정의는 '무얼 하라고 하는 대신 무얼 할 수밖에 없게끔 만드는 것'이다. 자율성도 그렇다. 자율성이 좋다는 것은 알고 있지만 조직의 규모가 클수록 이를 구현하는 건 어려워진다. 이때 필요한 것이 바로 평가다. 자율문화를 꿈꾸는가? 그럼 평가부터 제대로 해라.

시스템의 정의는
'무얼 하라고 하는 대신
무얼 할 수밖에 없게끔
만드는 것'이다.

공간을 바꿔라

미국의 모 회사에서 실제 있었던 일이다. 이 회사는 사일로 현상(부서 이기주의)이 심각했다. 부서 간 정보가 흐르지 않고, 영역싸움과 유무형 자원에 대한 쟁탈전이 만연했다. 그 결과 매출이 급감하고, 고객만족도 바닥을 쳤다. 다른 부서를 '그들'이라고 지칭했고, 늘 '그들 vs 우리'로 나눠 생각했다. 그러던 어느 날 회사에 큰불이 나서 건물이 모두 타버렸다. 그런데 이 사건이 있고 6개월 후 믿기 힘든 일이 일어났다. 만연했던 사일로 문제가 해결된 것이다. 다음은 CEO의 이야기다.

"급하게 공간을 찾다 보니 한 개 층을 통째로 쓰게 됐습니다. 한 개 층에 회사 전체가 들어간 겁니다. 사람들과 부서가 서로 교류하고 부대끼도록 공간을 배치했습니다. 전쟁을 치르듯 으르렁거리던 부서를 나란히 배치하고, 모든 임원을 사무실 한복판 안으로 밀어 넣었습니다. 고객 면담을 위한 회의실 몇 개 외에는 모든 내부 회의를 사무실 중앙에 있는 개방형 회의실에서 했습니다. 정상적인 상황이라면 직원들의 불만이 컸겠지만, 어쩔 수 없는 상황이라 불평할 수 없었습니다. 그럴 여유가 없었지요. 그런데 빠른 시간 내에 분위기가 확 달라졌습니다. 사일로는 사라지고 지금은 사이좋게 잘 지냅니다. 분위기는 한결 여유로워졌고 아이디어는 넘쳐납니다."

우리는 소통하면 보통 '말'을 생각한다. 강당에 사람들을 모아 놓고 회장님이 한마디 하는 것을 소통으로 생각한다. 하지만 소통은 그런 식으로 일어나지 않는다. 소통은 말보다 환경의 지배를 받는다. 회사의 경우 사무실 배치에 큰 영향을 받는다. 수많은 기업을 다니다 보니 나는 사무실 레이아웃에 민감한 편이다. 조명, 창문 크기, 칸막이 유무 및 높이, 천장 높이, 개인별 책상 크기와 구조 등을 보면 이 조직이 소통이 잘 되는지, 안 되는지 알 수 있다.

우선 CEO나 임원 사무실이 몇 층인지 보라. 보통 직급이 높을수록 전망 좋은 층을 차지한다. 당연히 CEO가 제일 높은 층일 것이다. 관료적인 회사일수록 CEO 전용 엘리베이터가 있고, 임원 전용층이 따로 있다. 일반 직원은 아예 접근이 불가능한 경우도 있어 소통하기 쉽지 않다. 사무실 자체가 권위를 상징하는 것이다. 물론 그렇지 않은 회사도 있다. 높은 사람이 제일 낮은 층, 혹은 입구 쪽에 있는 경우도 있다. 모 공제회가 그렇다. 이 회사는 높은 사람이 저층에 있다. 그래야 고객들이 찾기 쉽다고 생각하기 때문이다.

둘째, 독방과 비서의 유무다. 직원들은 공동사무실을 쓰는데, 직급이 높은 사람들은 대부분 독방을 쓴다. 그리고 독방 밖에는 비서가 모든 것을 관리해준다. 전화도 비서를 통해 연결되고, 일정도 비서가 확인한다. 방에 있는지 없는지 등 거의 모든 일거수일투족을 비서가 알고 있다. 직급이 올라갈수록 비서의 수도 늘어나는데, 드라마에서 한 번쯤 본 적 있을 것이다. 이동할 때마다 앞뒤로 줄줄이 사람들이 함께 다니는 CEO의 모습을 말이다.

셋째, 사무실 크기다. 사무실 크기와 집기를 보면 그 회사가 어떤 회사인지 알 수 있다. 살림이 풍요로우면 거기에 따라 사무실도 커지고, 집기도 화려해진다. 직원 사무실은 옹색한데 CEO 방만 큰 회사도 있다. 어느 회사는 CEO가 한 층 전체를 다 쓰기도 한다. 세계적인 식품기업 마즈Mars에는 독방이 없다. CEO나 신입사원이나 책상 사이즈가 똑같다. 사무실에 뭉치라는 애완견도 함께 생활하고 있다.

넷째, 밝기와 창문의 유무다. 어느 사무실은 침침해서 들어가는 순간 기분이 다운된다. 반대로 밝고 환한 사무실은 들어가는 순간 기분이 좋아진다. 나는 강의를 많이 다니기 때문에 강의장 밝기를 매우 중요하게 생각한다. 그리고 창문이 있어야 한다. 강의장에 창문이 없으면 답답하고 숨이 막힌다. 거기에 조명까지 어두우면 강의장으로서는 부적합하다. 한번은 극장에서 강의를 한 적이 있는데 공간 자체가 강의가 아닌 영화를 보기 위한 장소로 만들어진 곳이라 창문도 없고 어두워 매우 힘들었다.

다섯째, 소통에는 밀도가 중요하다. 사람들이 듬성듬성 앉아 있느냐, 빽빽하게 앉아 있느냐에 따라 소통이 달라진다. 최근 모 회사에서 소통에 대해 강의를 했는데 회의실을 보니 도저히 소통이 일어날 수 없는 구조였다. 강의를 듣기 위해 모인 사람은 30여 명이었는데, 회의실이 너무 컸다. 한 사람이 적어도 한 평은 차지하고 있는 것 같았다. 가운데 앉은 CEO와 맨 끝에 앉은 임원은 서로 쳐다보기 어려울 정도였다. 그래서 마이크를 사용하는데, 마이크를 통해 이야기를 하고 들으니 소통이 잘 이뤄질 리 없다. 회의실은 크지 않은 게 더 낫다. 소통은 사람들과의 거리가 가까울수록 더 잘 이뤄진다. 반대로 생각해보라. 넓은 운동장 곳곳에 앉아 소통할 수 있겠는가?

현재 당신이 앉아 있는 사무실은 어떤가? 현재의 배치로 원하는 성과를 낼 수 있다고 생각하는가? 맨 위층에 철옹성 같은 성을 쌓아 놓고 소통에 대해 떠들고 있지는 않은가? 지금 당장 벽을 허물어라. 독방을 빠져나와 직원들 사이사이를 돌아다니며 수다도 떨고 안부도 물어라. 환경이 사람을 변화시킬 것이다.

지금 당장 벽을 허물어라.
독방을 빠져나와 직원들 사이사이를
돌아다니며 수다도 떨고 안부도 물어라.
환경이 사람을 변화시킬 것이다.

숫자 대신 문화를 이야기하라

기업 비리는 예전부터 있어 왔지만, 최근 들어 개인 횡령 범죄가 늘었다. 하루걸러 하나씩 뉴스를 도배하는 것 같다. 그런데 기업에서 범죄를 저지른 사람이 그 사람뿐일까? 범죄 혐의가 발각돼 알려진 것보다 더 많은 범죄가 숨겨져 있지 않을까? 난 그렇다고 본다. 특히 기업 비리는 개인보다는 조직적으로 공공연하게 일어나고 있을 것이다. 관련 업체, 상사와 부하, 설계부서와 생산부서와 검사부서 간의 긴밀한 협력 없이는 불가능하다. 윤리적 이슈에 둔감한 기업의 뒷받침 없이 그런 부정부패는 절대 일어날 수 없다. 어쩌면 드러나지 않은 수많은 일이 기업 안에 있을 것이고 그들은 언론의 관심이 줄어들기만 바라고 있을지도 모른다. 결국 잘못된 조직문화가 구성원들이 그런 행동을 하게 만들고, 죄책감조차 느끼지 못하게 만든 것이다.

조직문화는 구성원의 행동이고 태도다. 일하는 방식이고 다른 사람을 대하는 모습이다. 회사에서 바람직하지 않은 행동을 보게 되는 것은 리더들이 이러한 행동을 용인하기 때문이다. 업무상 얻은 정보를 이용해 돈벌이 하는 걸 용납했기에 그런 일이 일어나는 것이다. 리더가 깨끗하고 투명한 것만 용인하면 직원들은 깨끗하고 투명한 행동만 하게 된다.

시스템통합SI 회사 EDS는 1990년 중반 이후 하향곡선을 타고 있었다. 인터넷 물결을 놓쳤으며, 클라이언트-서버 환경에 빨리 대응하지 못했고, Y2K* 시장을 준비하는 데도 늦었다. IT 서비스업은 빠르게 성장하고 있었지만, EDS의 성장률은 둔화하고 기업가치는 하락했다. EDS는 고지식하

* Y는 연도, K는 1000을 뜻하는 킬로를 의미하는 것으로, 우리는 2000년으로 접어들면서 연도의 마지막 두 자리만 사용하는 컴퓨터 프로그램이 2000년을 1900년으로 인식하는 오류에 대처해야 했다.

고, 보수적이며, 자만심 많고, 과거 기술에 묶인 기업이라고 평가받았다. 심지어 썬 마이크로시스템즈의 CEO 스콧 맥닐리Scott McNealy는 기업 이미지를 이유로 EDS에 자기 회사와 체결한 소규모 계약 건을 홍보하지 말도록 요청할 정도였다.

이런 상황에서 1999년 1월 딕 브라운Dick Brown은 EDS 역사상 최초로 외부에서 영입된다. 브라운은 도탄에 빠진 EDS를 구하기 위해서는 가장 먼저 조직문화를 바꿔야 한다고 판단한다. 그는 사람의 행동을 변화시킴으로써 경영혁신이 가능하다는 신념으로 엄청난 저항을 이겨내며 EDS를 거의 해체하다시피 하여 기존의 48개 독립사업본부를 고객 중심의 4개 비즈니스 라인으로 재편했다. 경영성과와 정보를 공유하는 투명경영을 정착시켰으며, 관료주의와 부서 이기주의를 없애기 위해 각고의 노력을 기울였다. 그는 이렇게 말했다.

> "대부분 비즈니스 리더들은 조직문화에 관해 이야기하길 꺼립니다. 그들은 재무적인 지표에 관해 이야기하는 것을 훨씬 좋아합니다. 저 자신도 숫자를 중시하는 사람입니다. 그러나 숫자로만 조직을 변화시킬 수 없습니다. 숫자는 최

종 결과일 뿐입니다. 숫자를 바꾸기 전에 문화를 바꿔야 합니다."

취임 3년이 채 지나지 않아 EDS는 엄청나게 변모했다. 2000년 10월 IBM을 제치고 미 해군으로부터 69억 달러 규모의 계약을 따냈는가 하면, 같은 해 전년 대비 31% 성장한 326억 달러어치의 신규 계약을 성사시켰다. 2001년 7월에는 전 분기 대비 수익 17%, 매출 7.5% 증가 등 무려 800억 달러 규모의 수주 물량을 확보했다. EDS는 IT업계에 감원 바람이 세차게 분 2001년 이후 약 6천 명을 신규 채용하기도 했다. 이런 눈부신 경영성과는 숫자 대신 조직문화와 사람이라는 부드러운 것에 집중한 경영혁신을 통해 얻은 것이다.

나는 회사의 분기별 성과리뷰 회의에 자주 참석해 코멘트를 하는데, 듣고 있자면 대부분 숫자 이야기만 한다. "목표가 얼마인데 얼마를 달성했고 달성 못한 이유는 무엇이고, 다음 분기는 이런 노력을 하겠다" 등 전략에 대한 이야기는 있는데 전략을 다루는 사람에 대한 이야기는 없다. 조직문화에 대한 이야기를 들어본 적은 더욱더 없다. 숫자(실적) 나열만 있을 뿐이다. 이를 듣고 있으면 "그 목표는 절대 달성할 수 없을 것"이라는 생각이 든다. 사람들은 왜 결과만 이야기하고 그런 결과를 갖고 올 과정은 이야기하지 않는 것일까? 숫자는 결과물에 불과하다. 우리는 숫자 대신 현재 직원들이 어떤 상태인지, 어떻게 일을 해야 하는지, 조직문화는 이러한데 어떻게 바꾸면 좋은 성과를 달성할 수 있는지에 관해 이야기해야 한다.

가장 중요한 걸 빼고, 덜 중요한 이야기를 하느라 시간 낭비하는 것을 나는 정말 이해할 수 없다. 좋은 성과를 내기 위해서는 성과에 맞게끔 조직문화를 만들어야 한다. 이렇게 일을 해야 좋은 성과를 낼 수 있다는 조직문화가 회사에 자리 잡아 직원들에게 배게 해야 한다. 그러면 자연스럽게 직원들은 자신들이 해야 할 행동과 하지 말아야 할 행동을 알게 된다. 굳이 지시하거나 지적하지 않아도 이런 행동은 용납되지 않는다는 걸 알 수밖에 없다.

"강력한 조직문화는 보이지 않는 손으로 조직의 운영방식을 지배한다. 여기서는 그렇게 하지 않는다는 말은 그 어떤 문서상의 규칙이나 매뉴얼보다 훨씬 더 강력한 힘을 가진다." 인텔을 만든 앤디 그로브의 말이다. 사우스웨스트 항공의 창립자 허브 캘러허도 "조직문화는 최우선 과제다"라고 말했다. 당신 조직의 문화는 어떠한가? 최근 그런 것에 관해 이야기를 나눠본 적은 있는가? 우리는 조직문화에 맞았던 사례와 맞지 않았던 사례를 이야기하고 이에 대한 직원들의 의견을 들어야 한다.

성공적인 조직문화를 위한 리더의 역할

만드는 것인가,
만들어지는 것인가

조직문화는 만드는 것일까, 아니면 만들어지는 것일까? 조직문화와 관련해 흥미로운 회사 중 하나인 더핑크퐁컴퍼니는 후자에 가깝다. 김민석 대표는 조직문화에 관한 물음에 "하다 보니 그렇게 됐어요"라고 대답했다. 의도한 게 아니라 저절로 만들어졌다는 것이다. 그는 원래 아침잠이 많은 사람이라 출근 시간을 따로 정해두지 않았는데, 그래서 일을 더 잘할 수 있었다고 한다.

"한 번도 '조직문화가 이랬으면 좋겠다'라고 생각하거나 직원들과 조직문화에 관해 이야기를 나눈 적은 없어요. 그저 회사가 잘 되기를 바랐고, 가장 잘 될 수 있는 방식으로 일하다 보니 자연스럽게 지금의 자율문화가 자리 잡혔어요."

조직문화는 만들려 하지 않고 자연스럽게 만들어지는 것이 더 나은 방법이긴 하지만, 이는 회사의 규모가 작은 경우에만 적용 가능하다. 스타트업이 산업을 이끌면서 생각을 같이하는 몇몇 사람들이 동료가 되어 경영을 하다 보니 조직문화도 자연스럽게 흘러갔다. 하지만 규모가 커지면서 이런 자율문화로는 경영이 힘들 수 있다고 그는 말했다. 규모가 커지면 그만큼 일하는 사람들이 많아지고 의견들이 다양해지므로 그에 맞춰 조직문화도 바뀌야 한다는 것이다.

조직문화는 살아 있는 생물과 같다. 시장 상황, 조직 규모, 여타 여러 이유에 따라 계속 변할 수 있다. 그러므로 조직문화를 만드는 데 조직을 이끄는 리더의 역할이 중요하다. 리더는 조직의 중심이 되어 변화하는 상황에 빠르게 대응해야 한다. 그래서 리더의 성격과 성품, 습관적으로 보이는 말과 행동, 순간의 태도와 판단이 그 조직의 문화를 만든다. 리더가 곧 조직문화인 것이다.

그런데 많은 경영자들은 자신이 어떤 사람인지는 생각하지 않고 이상적인 조직문화만 꿈꾼다. 우리는 그 사실부터 인정해야 한다. 권위적인 사람이 자율적인 조직문화를 원하는 것, 솔직하지 않은 사람이 투명성을 강조하는 조직문화를 내걸고, 존중과는 담을 쌓은 리더가 인간 존중의 조직문화를 내세우는 것, 이것이야말로 최악의 조직문화 구축 방법이다. 그렇게 되면 냉소주의가 전체 조직에 흐르게 된다. 우리는 조직문화를 구축할 때 이런 실수는 하지 말아야 한다. 그렇다면 성공적인 조직문화 구축을 위한 리더의 역할은 무엇일까?

첫째, 리더가 내세우고자 하는 조직문화에 리더가 적합해야 한다. 리더가 조직문화이기 때문이다. 일단 리더가 좋은 경영자라면 애쓰지 않아도 자연스럽게 좋은 조직문화가 만들어진다. 리더가 나쁜 사람이면 아무리 좋은 방향으로 이끌려 해도 나쁜 조직문화가 만들어질 수밖에 없다. 리더의 성품과 인격이 조직문화의 시작이다. 앞서 말했듯이 문화는 사람이 만드는 것으로 그 사람이 가지고 있는 것들이 어떤 조직문화로 가는지를 결정한다.

둘째, 방향성이 명확해야 한다. 조직이 지향하는 바가 무엇인지, 조직이 추구하는 미션과 비전과 가치관이 무엇인지가 명료해야 한다. 조직은 그 조직을 운영하는 사람의 그릇 사이즈만큼 성장한다. 여기서 그릇 사이즈란 의식의 수준을 말하는데, 예를 들어 자신만 생각하는 사람인지 아닌지, 이익이 되면 무슨 일이든 하고 이익이 안 되면 절대 하지 않는 사람인지, 사회에 도움이 되는지 아닌지를 선택의 중요 기준으로 삼는 사람인지 등이다.

셋째, 문화에 맞는 직원선발이다. 유유상종이란 말이 있듯이 사람은 결국 끼리끼리 모인다. 좋은 사람이 있는 곳에 좋은 사람이 모이고, 이상한 사람이 있는 곳에 이상한 사람이 오는 법이다. 경영에서 채용만큼 중요한 것은 없다. 좋은 인재가 많은 조직이 성장하고 그런 조직에는 분명 좋은 조직문화가 있다. 리더는 좋은 인재, 즉 조직문화에 맞는 사람을 가려낼 줄 알아야 한다.

넷째, 한 방향 정렬 비즈니스 프로세스다. 최고의 직원을 뽑아 최고의 성과를 내는 걸 목표로 한다면 처우 또한 최고로 해야 한다. 그런데 대부분 조직은 최고의 직원을 원하면서 처우는 그렇지 못한 경우가 많다. 이런 조직에 최고의 직원이 남아 있을 이유가 없다.

다섯째, 지속적인 평가와 관리다. 최고경영자가 주기적으로 조직문화를 점검해야 한다. 잘하는 건 잘한다고 하고,

잘못된 건 바로 고쳐야 한다. 그래야 액자 속에 담긴 조직문화가 아닌 살아 움직이는 조직문화가 된다.

이와 관련해서는 넷플릭스를 참고하는 게 좋다. 넷플릭스 창업자는 조직문화에 대한 자기 생각을 124페이지 분량의 파워포인트 문서로 작성했고, 2009년 온라인에 발표했다. 메타(전 페이스북)의 이인자라 불리는 셰릴 샌드버그Sheryl Sandberg는 이 문서를 "의도적으로 만든 조직문화에 대한 가장 명료한 설명문으로, 실리콘 밸리에서 나온 가장 중요한 문서다"라고 극찬했다. 넷플릭스처럼 조직문화를 의도적으로 만들기 위해서는 어떤 조직문화를 원하는지, 왜 그리고 누가 조직문화를 주도하고 확산시킬 것인지, 조직문화에 맞는 사람을 어떻게 뽑고 포용할 것인지 등을 고려해야 한다. 넷플릭스가 뽑은 7요소는 다음과 같다.

1. Values are what we Value(실제 가치 있게 여기는 것이 진정한 가치다)
2. High Performance(높은 퍼포먼스)
3. Freedom & Responsibility(자유와 책임)
4. Context not Control(통제 아닌 맥락 전달)
5. Highly Aligned, Loosely Coupled(강하게 연결되지만,

느슨한 조직)

6. Pay Top of Market(업계 최고의 대우)

7. Promotions & Development(승진과 자기계발)

쉽게 풀이하면, "최고의 사람을 뽑아 최고의 대우를 해서 최고의 성과를 내는 조직을 만들겠다. 일일이 간섭하는 대신 자유를 준다. 하지만 책임을 져야 한다. 일을 하면서 자신을 발전시켜라"다. 모든 직원에게 어떤 행동을 요구하는지 아주 명료하다. 실제 이 문서가 폭발적 성장을 끌어내는 조직문화를 만들어 넷플릭스는 10년 만에 스트리밍 시장을 지배하기 시작했다.

높은 성과를 내며 빠르게 성장하는 기업을 만들고 싶다면 원하는 목표에 적합한 조직문화를 만들면 된다. 이를 위해서는 가장 먼저 경영자의 의식 수준을 높여야 한다. 매출과 이익 같은 숫자보다 크고 담대한 비전이 필수다. 경영자 자신부터 그런 사람이 되어 비슷한 사람을 모으고 직원들을 동기 부여할 수 있어야 한다. 문제는 대부분의 기업은 반대로 한다는 것이다. 숫자를 보느라 사람을 보지 못하고, 자신은 준비되어 있지 않으면서 이상적인 조직문화만 꿈꾼다. 일류를 원하면서 대우는 삼류를 지향한다.

똑똑한 리더의
치명적 착각

"열 길 물속은 알아도 한 길 사람 속은 모른다"라는 말은 옛말이다. 요즘 직장인들 사이에서는 "직원들은 상사를 3일 만에 파악하고, 상사는 3년이 되어도 직원들을 알지 못한다"라는 말이 있다. 상사의 일거수일투족은 직원 모두에게 오픈되어 있지만 직원들 속마음은 그만큼 알기 어렵다는 의미다. 직원들에게 어떤 질문을 해도 돌아오는 답은 '네', '넵', '네~'뿐이다.

　세대 차이는 언제나 있었지만, MZ세대 직원들과는 모

든 것이 개념부터가 다르다. 때문에 소위 '윗사람' 노릇을 제대로 한다는 건 정말 만만치 않은 일이 됐다. 수많은 회사에서 강의를 하면서 가장 많이 들었던 이야기 중 하나는 '우리 사장님은 너무 똑똑해요'라는 말이다. 이전에는 모르겠지만, 이제 이 말은 결코 칭찬이 아니다. 당신은 헛똑똑이란 소리다.

리더에게 가장 중요한 일은 직원들의 마음을 사는 것이다. 사람이 가장 귀중한 자산이라고 하지 않던가. 앞으로 인재에 대한 중요성은 점점 더 커질 것이다. 그런데 당신의 회사는 어떤가? 인사 평가를 위해 직원마다 등급을 매기고 A급 직원들만 대우해주고 있지는 않은가? 이는 매우 위험한 조직 관리 방법이다. 조직의 성패는 B급 직원들에게 달려 있다. A급 인재는 그만큼의 대우(비용)가 필요하다. 간혹 자신을 남보다 더 잘났다고 생각하는 오만한 태도를 보이기도 한다. 이는 조직의 분란만 일으킬 뿐이다. 오히려 B급(줄 세우기 인사평가 때문에)으로 평가된, 실질적으로 일을 더 많이 하고 잘하는 이들이 있기에 조직이 운영되고 있는 것이다. 하지만 무엇이든 너무 오래 방치하면 문제가 생긴다.

하버드대학교의 토마스 J. 드롱Thomas J. Delong 교수는 《하버드비즈니스리뷰》에 기고한 'B급 직원에게 박수를'이라는 제목의 글에서 이런 이야기를 한다.

> "A급 직원들에 대한 집착에서 벗어나 B급 직원을 존중하고 칭찬하는 쪽으로 움직여야 한다. 그들이야말로 조직의 요체이기 때문이다. 그들은 일상적으로 일하며 성과를 낸다. 그들은 최전선에서 일하는 말이자 전투병이고 경영층의 비전을 전파한다. 그들은 자신의 업무를 꾸준히 하기에 신뢰할 수 있다. 따라서 모든 기업은 A급과 마찬가지로 B급 직원을 소중히 여겨야 한다."

비전을 만들고 일을 성사시키고 대형거래를 마무리 짓는 A급 직원은 꼭 필요하다. 하지만 A급만 있고 견실한 B급이 없다면 장기적으로 발전하지 못한다. 조직에는 발전 여지는 적지만 투철한 책임감으로 근면하게 일해야 하는 업무가 많이 있다. B급 직원은 이런 일을 거뜬히 해내지만, A급은 오히려 금방 싫증 낸다. 리더는 모든 직원이 회사에 꼭 필요한 존재란 사실을 알도록 해야 한다.

일과 개인적 삶의 균형도 중요하다. 유능한 직원들이 회사를 그만두는 이유 중 하나로 육아가 있다. 요즘은 남녀 모두 육아휴직을 낼 수 있지만, 여전히 육아는 여자의 몫이 더 큰 경우가 많아 유능한 여성들이 아이와 함께 할 시간이 너무 적어 회사를 그만두는 경우가 많다. 내가 아는 어느 회사는 새벽 6시부터 회의를 하는데 회의 이후 아침을 먹고 밤 11시까지 근무한다. 그런 식으로 얼마나 버틸 수 있을까 하는 의문이 들 정도다. 인간은 몸과 영혼을 가진 존재다. 단기로 극한훈련을 할 수는 있지만 장기적으로 계속되면 분명 문제가 생긴다. 대부분 기업은 워라밸을 지향하지만, 의도적이든 아니든 직원들로 하여금 일과 사생활의 균형을 취하는 행위에 대해 죄책감을 느끼게 만든다. 리더는 일 중독자를 표창하는 대신 일과 사생활 균형에 대한 모범사례를 조사해야 한다. 또 이들이 불공정함을 느끼는 일이 없도록 해야 한다.

그러기 위해서는 첫째, 자유롭게 문제를 제기하는 문화를 만들어야 한다. 보통 조직에서는 문제를 제기하는 직원은 요주의 인물이라 하지만, 애정이 없다면 비판도 하지 않는 법이다. GE의 전 CEO 잭 웰치는 재임 중 가장 잘한 일과 가장 후회하는 일이 무엇이냐는 질문에 이렇게 답했다. "워크아웃 회의를 한 것이 가장 잘한 일이고, 그 회의를 좀 더 일찍 시작하지 못한 것이 가장 후회가 된다." 워크아웃 회의는 쉽게 말해 계급장 떼고 허심탄회하게 진짜 문제점에 대해 논의하고 해결책을 찾는 회의다. 권력을 가진 사람은 대부분 압력을 행사한다. 공개적인 토론을 제한하고 다른 의견을 제시하지 못하게 한다. 그들은 활발하고 솔직한 논의를 두려워한다. 하지만 이와 반대가 되어야 한다. 조직 구성원 모두가 함께 참여하며 솔직한 대화가 활발하게 이뤄지도록 해야 한다. 만약 상사 혼자서 북 치고 장구 치고 원맨쇼를 하고 직원들은 그 모습을 바라보기만 한다면 그 조직은 비전이 없다.

둘째, 막연한 두려움을 없애야 한다. 조직에 근무하는 사람의 70%는 두려움을 느낀다. 진실을 이야기하는 것에 대한 두려움, 중상모략의 두려움, 해고, 대인관계, 변화에 대한 두려움을 느낀다. 많은 경영자들은 두려움을 활용해 성과를 거두려 한다. 단기적으로는 가능하지만 장기적으로 불가능하다. 두려움이 지배하는 환경에서 직원은 고객 대신 상사를 만족시키기 위해 시간을 소비한다. 또한 두려움은 신뢰를 없애고, 직원들이 위험을 감수하거나 비용을 절감하려는 의지를 꺾는다. 방어적인 태도와 회의주의와 무관심이 조직 전반에 퍼진다. 체면 유지에만 관심을 기울이고, 혁신적인 일을 싫어하며 실패를 피하는 데만 급급하다.

셋째, 모든 직원의 말에 귀를 기울여야 한다. 훌륭한 경청자가 말을 하면 사람들은 귀를 기울인다. 하지만 혼자만 떠들던 상사가 말을 하기 시작하면 직원들은 귀를 막고 딴청을 한다. 《뉴욕타임스》의 제이슨 블레어 기자가 다른 기사를 표절하고 인터뷰를 꾸며냈다는 사실이 드러나자 당시 편집국장이었던 하웰 레인즈는 사직한다. 표면적으로 그는 가장 많은 퓰리처상 수상자를 배출한 뛰어난 리더였다. 하지만 실상은 직원의 말을 귀담아듣지 않는 오만하고 군림하는 성격을 가진 리더였다. 그는 몇몇 기자만 편애했는데, 기자들을 자신이 편애하는 기자와 그 외 나머지 기자로 구분해 그 나머지 기자들의 이야기는 듣지 않았다. 그 누구도 자신에게 의문을 제기하지 못하게 했다. 그로 인해 솔직한 피드백과 자유로운 대화가 사라지고 폐쇄적인 문화가 조직에 자리 잡으면서 언론에서 가장 중요한 정직성이 사라졌다. 경청은 단순히 듣는 것 이상의 힘이 있다.

넷째, 가장 소중한 것을 가장 먼저 해야 한다. 일을 잘한다는 것은 우선순위가 명확하다는 것이다. 이는 CEO가 어디에 시간을 쓰느냐를 보면 알 수 있다. 워런 버핏이 이끄는 버그셔 해서웨이는 20년간 가장 존경받는 기업 순위에 6번이나 이름을 올렸다. 투자 및 자본 배분은 워런 버핏이 찰스 멍거Charles Munger 부회장과 상의해 결정한다. 무려

40만 명에 육박하는 직원을 계열사 아래 두고 있으나, 본사에는 20명 정도만 근무한다(2020년 기준). 직원들은 장기 실적으로 S&P500 지수의 수익보다 높게 유지하기만 하면 된다. 그런 다음 초과수익을 본사로 보내면 된다. 이 회사가 지난 40여 년간 기록한 평균 성장률은 22%, 총성장률은 25만 9,485%다. 비결은 무엇일까?

버크셔 해서웨이는 무엇이 가장 중요한지에 대해 아무도 의문을 품지 않는다. 이 회사는 올바른 사업에 투자하고, 유능한 경영층에게 결정권을 위임하는 것을 가장 중시한다. 투자기준과 인수기준도 명확하다. '세전이익은 최소한 5천만 달러는 돼야 한다, 견실한 이익실적을 입증해야 한다(미래전망, 흑자전환 가능성 같은 단어는 쳐다보지도 않는다), 자기자본이익률이 높고 부채는 전혀 없거나 아주 적어야 한다, 유능한 경영층이 있어야 한다(경영층을 파견하지 않는다), 사업이 단순해야 한다(너무 복잡하면 이해하지 못한다), 가격이 제시되어야 한다(쓸데없는 협상에 시간을 낭비하고 싶지 않다)' 등 단위 사업체 경영자와 잠재적 인수 대상 기업, 주주들에게 회사가 무엇을 가장 중요하게 여기는지 아주 분명하게 보여준다. 어떤 의혹도 불확실성도 없다.

리더는 위로 올라갈수록, 잘 나갈수록, 자신이 똑똑하

다고 생각할수록 자기를 돌아보고, 주변 사람의 이야기를 듣고, 자신이 잘못 생각할 수도 있다고 언제나 되돌아봐야 한다. 영향력이 크다는 것은 그만큼 치명적 실수를 할 가능성이 높다는 것이므로 절대 자만해서는 안 된다.

인재 밀도를 높여라

성공적인 조직문화를 만드는 일은 돈이 많다고 해서 할 수 있는 일이 아니다. 좋은 조직문화로 구글, 테슬라, 애플을 제치고 기술직 근로자들이 가장 일하고 싶은 회사 1위에 오른 넷플릭스를 살펴보자. 이 회사의 조직문화는 단순하다. 'No rules rules', 즉 규칙이 없는 게 규칙이다. 넷플릭스에는 정해진 출퇴근 시간이나 근무 시간이 없다. 휴가와 경비에 관한 규정이나 승인 절차도 없어 누구든 자유롭게 의사결정해 수십억짜리 계약을 하고, 계약서에 직원이 직접 서명한다.

절차보다 사람을 중요하게 여기고, 능률보다 혁신을 강조하며, 통제가 아닌 맥락으로 직원들을 이끈다.

복장 규정이 없다고 해서 회사에 벌거벗고 출근하는 사람은 없듯이 휴가 규정이 없다고 해서 매일 휴가만 내는 직원도 없다. 하지만 그럼에도 '회사에 규정이나 절차가 없으면 방만하게 운영되고 이를 악용하는 직원이 생기지 않을까?'라고 우려할 수 있다. 물론 넷플릭스도 이를 우려해 경비가 10%가량 늘었지만, 이는 규칙이 없음으로써 얻을 수 있는 이득에 비하면 아무것도 아니다. 넷플릭스는 직원들에게 휴가를 마음대로 쓰라고 했지만, 크게 달라진 건 없었다. 오히려 직원들의 만족도가 올라갔다. 3주 연속 80시간을 일한 다음 아마존 열대우림에 간 직원은 있었다. 이렇게 조금 별나게 자유를 만끽하는 정도다.

성과를 많이 내는 직원들은 스스로 통제할 줄 안다. 그들에게 경영자의 잔소리는 필요 없다. 스스로 통제하고 동료들끼리 피드백하며 일한다. 그렇다면 규칙은 누구에게 필요할까? 무능한 직원이다. 공부 잘하는 아이에게 공부하라고 강요하고 지켜볼 필요가 없는 것처럼 능력 있는 직원은 알아서 한다. 그러므로 회사는 규칙을 없애는 것이 아니라 규칙이 필요 없게끔 만들어야 한다. 이를 위해 리더는 인재 채용과 정리를 잘해야 한다. 넷플릭스는 좋은 인재에 목숨을 건다. 무능한 직원은 가차 없이 내보내고, '적당한' 성과를 내는 직원은 두둑한 퇴직금을 주고 내보낸다. 업계 최고의 성과를 내지 못하면 언제든 내보내겠다는, 규칙이 없는 것 같지만 사실 가장 무서운 규칙이 있는 셈이다. 즉, 넷플릭스가 '규칙 없음' 문화로 얻은 가장 큰 이익은 좋은 인재 영입이다. 보통 능력의 엔지니어를 10~25명 고용하는 방법과 거액의 스타 한 명을 영입하는 방법이 있다면 어떤 선택을 하겠는가? 베스트 프로그래머의 가치는 보통 프로그래머의 10배 정도가 아니라 100배 이상 가치가 있다고 한다. 빌 게이츠는 이에 대해 그 이상이라고 말했다.

> "위대한 선반공은 평범한 선반공보다 임금을 몇 배 더 받는다. 그러나 위대한 소프트웨어 프로그래머는 평범한 프로그래머보다 1만 배 이상의 값어치를 한다."

리더는 규칙이 없어도 알아서 일을 잘하고 규칙을 스스로 만들어 지키는 인재를 영입해야 한다. 그렇지 못한 직원은 키퍼 테스트가 방법이다. 예를 들어 팀원 중 한 사람이 내일 그만두겠다고 하면 어떻게 할 것인지 생각해보라.

잡을 것인가 아니면 내심 안심하면서 사직서를 수리할 것인가? 만약 후자라면 지금이라도 당장 그에게 퇴직금을 주고 내보내야 한다. 대신 베스트 플레이어를 모아 시장가치에 맞게 업계 최고 대우를 해줌으로써 조직의 인재 밀도talent density를 높여야 한다. 어떤 사람을 정리하고, 어떤 사람을 채용할지를 결정할 때 기준은 하나뿐이다. 최고의 조직은 최고의 사람들이 만든다.

이는 직원에게만 적용되는 것은 아니다. 리더도 예외 없다. 다른 사람이 리더의 역할을 하는 게 회사를 위해 더 좋은 선택인지 생각해야 한다. 사실 성과를 방해하는 요인에는 상사의 문제도 있다. 상사 때문에 성과를 내지 못하거나 좋은 인재가 그만두는 일이 비일비재하다. 보통 상사는 직원의 결정을 승인하거나 거부하기 위해 존재하는데, 이것이 기업의 혁신을 막고 조직의 성장을 더디게 한다. 넷플릭스는 매니저가 마뜩잖게 생각하는 아이디어라도 자신이 옳다고 판단되면, '상사 비위를 맞추려 들지 말고, 회사에 가장 이익이 되는 것을 하라'며 실천에 옮기라고 떠민다. 솔직한 피드백 문화로 눈치 보지 않고 최고의 의사결정을 할 수 있도록 각종 규제와 통제를 제거해나간다. 함부로 행동하는 사람은 상사가 아닌 동료가 견제할 수 있게 했다.

규칙이 필요 없다는 건 다른 말로 자유와 책임이다. 리더는 직원들이 알아서 결정하되 거기에 대한 책임도 지도록 해야 한다. 순서는 이렇다. 우선 능력 있는 직원을 확보해 인재 밀도를 구축하고, 자기 생각을 있는 그대로 말할 수 있는 솔직한 피드백 문화를 도입한다. 휴가 규정과 출장 및 경비 승인을 없애는 것으로 통제를 제거한다. 그다음 업계 최고 수준의 보상으로 인재 밀도를 강화하고, 모든 것을 공개하는 투명한 경영으로 솔직한 문화를 장려한다. 어떤 의사결정도 승인받을 필요가 없게 함으로써 더 많은 통제를 제거한다. 마지막은 키퍼 테스트를 통해 인재 밀도를 극대화한다.

앞바퀴가 이끌어야 뒷바퀴가 움직인다

스톡홀름의 명물 중 하나는 바사호Vasa 박물관이다. 64문의 포를 장착한 17세기 전함 바사호를 복원해 놓은 박물관이다. 배의 웅장함과 거대함을 넘어 그 배의 스토리는 우리에게 리더십에 관한 교훈을 준다. 이 전함은 구스타브 아돌프(1594~1632) 국왕의 명령으로 만들어졌다. 왕의 요구사항은 명확했다. 당시 스웨덴이 하고 있는 30년 전쟁(1618~1648)에 바로 투입되어 스웨덴의 위용을 드러낼 수 있게 하라는 것이었다. 당연히 배는 크고 강해야 했다. 그래서 한쪽에서

267kg의 포를 발사할 수 있는, 당시로는 최강의 전함을 만들었다. 그런데 크고 강하게 만드는 데만 주력하다 보니 두 가지 심각한 문제가 있었다. 하나는 배가 너무 무겁고 흘수선(선체가 물에 잠기는 한계선)이 얕다는 것과 배의 중심을 잡아주는 밸러스트ballast 공간이 부족하다는 것이었다. 실무자들은 이 사실을 알고 있었지만, 왕이 너무 독촉하는 바람에 차마 왕 앞에서 이 이야기를 하지 못했다. 드디어 배가 완성됐고, 왕은 출항을 명령했다. 그런데 바사호는 항구를 벗어나 1해리도 안 되는 거리에서 만난 강한 바람에 기우뚱거리다 끝내 침몰하고 말았다. 이 이야기가 주는 교훈은 명확하다. 솔직한 이야기를 주고받을 수 없는 조직은 늘 위험에 처할 수 있다는 것이다.

2022년 1월 공사 중인 광주 신축 아파트 외벽이 붕괴하는 사건이 벌어졌다. 정확한 자초지종은 알 수 없지만, 우리는 언론을 통해 몇 가지 사실을 확인할 수 있었다. 비용절감, 인원 감축으로 안전요원이 절대 부족해 세 사람이 할 일을 한 사람이 했다는 것, 기간 단축을 위해 무리하게 공사를 하느라 콘크리트가 충분히 마르지 않은 상태에서 공사를 강행했다는 것, 레미콘업체는 원가절감을 위해 부실한 방법을 사용했다는 것, 대부분의 실무자는 이런 사실을 알았지만, 솔직히 이야기할 수 있는 분위기가 아니라 쉬쉬하다 결국 일이 터졌다는 것이다. 아마 지금도 수많은 조직에서 이와 비슷한 일들이 일어나고 있을 것이다. 바사호 침몰 역시 상하 불통의 조직문화가 나은 결과다. 가장 큰 배를 가장 빠른 시간에 만들라는 왕의 주문을 거역할 수 없었을 것이고 그러다 보니 배의 균형과 안정성이 위협받을 수밖에 없었고, 실무자는 차마 그 이야기를 할 수 없었던 것이다.

잘 나가는 조직이 갑자기 망할 수 있는 가장 큰 리스크는 무엇일까? 사전에 그런 조짐을 읽을 수 있을까? 그런 리스크를 예방할 수 있는 최고의 방법은 무엇일까? 가장 큰 위험은 리더의 자만과 교만이다. 성공의 덫에 걸려 본인을 전지전능한 사람으로 착각해 독단적으로 의사결정하고, 엉뚱한 곳에 엄청난 투자를 하지만, 그런 리더를 견제하는 세력이 없다. CEO가 왕처럼 군림하고 반대의 목소리가 사라진 곳, 리더 주변에 간신들만 있는 곳, 회의 때 모든 직원이 침묵하고 상사 혼자 북 치고 장구 치는 조직이 가장 위험한 조직이다. 방법은 하나다. 바로 솔직한 조직문화를 만드는 것이다. 누구나 안전하게 자기 이야기를 하고, 치열한 논의를 할 수 있게 해야 한다.

조직문화는 전륜구동이다. 윗사람이 이끌어야 아랫사

조직문화는 전륜구동이다.
윗사람이 이끌어야 아랫사람이
움직인다. 리더가 철저히 책임과 의무를
져야 한다. 아랫사람이 백 번 열심히
하는 것보다 윗사람의 솔선수범이
훨씬 큰 효과를 낸다.

람이 움직인다. 리더가 철저히 책임과 의무를 져야 한다. 아랫사람이 백 번 열심히 하는 것보다 윗사람의 솔선수범이 훨씬 큰 효과를 낸다. 그런 면에서 조직문화는 철저히 탑다운top-down이다. 이와 관련해 어느 책에서 본 이야기를 소개한다.

옛날에 가족의 생계를 위해 모자를 팔던 소년이 있었다. 매일 수업이 끝나면 거리에서 형형색색의 모자를 팔고 다녔다. 손수레에 줄줄이 모자를 매달아 장식했다. 그러던 어느 더운 여름날에 일이 일어났다. 뜨거운 햇볕을 피해 잠시 쉬려고 수레를 나무 아래 세웠는데 한 무리의 원숭이들이 내려와 소년의 모자를 모두 낚아채 나무로 올라간 것이다. 원숭이들은 자축하듯 웃으며 나뭇가지 높은 곳에 모자를 걸어 놓았다. 너무 높아 소년의 손이 도저히 닿지 않았다. 화가 난 소년은 돌을 집어 원숭이들에게 던졌고, 원숭이들도 소년을 따라 나무에 달린 과일을 따서 소년에게 던졌다. 낙담하고 있는 순간 소년은 기발한 생각이 떠올랐다. 원숭이들의 주의를 끌기 위해 소리쳤고 자신이 쓰고 있던 모자를 벗어 땅바닥에 내던졌다. 그러자 원숭이들도 소리치면서 나무에 걸린 모자를 집어 땅바닥에 던지기 시작했다. 소년은 침착하게 모자를 주워 그곳을 떠났다.

당신은 이 이야기를 듣고 무슨 생각이 들었는가? 원숭이는 소년이 하는 대로 따라 했다. 돌을 던지니 과일을 던졌고, 모자를 던지니 똑같이 모자를 던졌다. 조직문화는 철저히 리더의 책임이자 의무다. 조직에 나쁜 문화가 자리를 잡았다면 이는 리더가 그런 사람이거나 나쁜 문화를 용인했기 때문이다. 좋은 문화를 갖고 싶다면 좋은 조직문화를 전파하고 점검하는 것을 리더의 책임으로 생각하고 실천해야 한다. 경영자가 조직문화를 강조하고 점검하는 세션을 가져야 한다. 매출만 따지는 대신 기업의 가치와 미션대로 조직이 움직이는지를 확인해야 한다. 제조회사 원익홀딩스의 조남성 부회장은 이렇게 말했다.

"경영자는 조직문화의 쓰나미가 되어야 한다. 태풍은 비, 파도로 겉은 시끄럽지만 심해는 고요하다. 쓰나미는 다르다. 지층부터 움직이기 때문에 에너지가 크고 전체를 변화시킬 수 있다. 센 바람 하나가 신바람을 일으킬 수는 없다. 아무리 에어컨이 좋아도 하나만 있으면 집 전체가 시원할 수 없듯이 방마다 에어컨이 돌아가야 집 전체가 시원해진다. 조직문화도 마찬가지다. 조직문화 변화의 핵심은 전 직원의 의기투합이다. 모두 한마음이 되어서 뛰어야 신바람이 날 수 있다."

조직문화는 상사가 하는 모습을 직원들이 흉내 내면서 만들어진다. 조직문화를 보면 CEO가 어떤 사람인지 알 수 있다. "경영진이 직원을 대하는 방식은 직원이 고객을 대하는 방식과 정확하게 일치한다." 월마트를 설립한 샘 월튼 Samuel Walton의 말이다.

리더의 그릇

사람마다 그릇 사이즈가 있고 기업은 리더의 그릇에 비례해 성장한다. 삼성이나 LG 같은 회사가 대기업으로 성장한 건 누가 뭐래도 그 회사를 만든 창업자의 그릇이 크기 때문이다. 리더의 그릇이 간장 종지만 한데 그가 이끄는 조직이 승승장구한다는 건 상상하기 어렵다. 그런 리더 밑에 좋은 사람이 따를 리 만무하고, 설혹 온다고 해도 조만간 회사를 떠날 가능성이 크다. 좋은 조직문화를 가르는 핵심은 그 조직을 이끄는 리더의 그릇 사이즈다. 그런데 그릇 사이즈라는 게 도대체 무슨 말일까? 나는 그 사람의 의식 수준이 그릇 사이즈라고 생각한다. 이와 관련해 톨버트Torbert란 사람이 주장한 성인 발달 7단계를 살펴보자.* 여기서 대상은 리더다.

첫째, 가장 낮은 단계는 기회주의자opportunist다. '자신에게 이익이 되는지 아닌지'가 판단의 기준이다. 자신 외에는 아무 관심이 없고 행동의 기준은 오로지 자신의 유익이다. 자신에게 도움이 되면 하고, 그렇지 않으면 움직이지 않는다. 전체의 5% 정도 된다. 이런 사람은 절대 리더가 될 수 없고 되어서도 안 된다. 간혹 부모를 잘 만나 리더의 직급은 가질 수는 있겠지만 이런 조직은 성장하기 어렵다.

둘째, 외교관diplomat으로 갈등을 회피하고 소속감을 중시한다. 자기 의견 대신 다른 사람의 눈치를 보면서 행동한다. 자기 생각이 없고 집단논리에 복종한다. 전체의 12% 정도로 표를 의식해 국가의 미래보다 유권자 눈치 보기에 더 바쁜 정치인이 연상된다. 이런 리더는 사람들이 싫어하는 결정은 절대 하지 않고 하루하루 무사히 지내기만을 바란

* David Rooke and William R. Torbert, "Seven Transformations of Leadership", *Harvard Business Review*, 2005.

다. 이 조직도 조만간 사라질 가능성이 크다.

셋째, 전문가expert다. 나름 한 분야에 있어서 일정 단계에 오른 사람이다. 일 잘하는 걸 최고로 생각한다. 다만 자기보다 못한 사람을 무시하는 경향이 있고, 논리는 있지만 감성지수가 떨어진다. 전체의 38% 정도다. 다수의 임원이 여기에 해당한다. 전문성만 있고 나머지는 없는 사람이다.

넷째, 성취가achiever로 전략적 목표를 세우고 팀워크를 이뤄 목표 달성에 매진한다. 전체의 30% 정도 되는데, 목표 달성에 목숨을 걸고, 이를 달성한 사람이 위로 올라가는 기업에 가장 많다. 다른 건 보지 않고 그 사람이 목표 달성에 도움이 되는지가 가장 중요하다.

다섯째, 개인주의자individualist다. 여기서 개인주의자와 이기주의자를 혼동하면 안 된다. 개인주의자는 온전한 사람을 뜻한다. 주도적이고 스스로의 운명을 개척할 수 있다고 믿는 사람이다. 다른 표현으로 하면 상호의존적이다. 환경 탓을 하지 않고 통합적 사고를 한다. 전체의 10% 정도다.

여섯째, 전략가strategist는 전체의 4% 정도 되는데, 장기적 비전을 갖고 있으며 변화를 만들어낼 수 있다. 기존 관점에 도전하고 사람과 조직을 혁신하는 역할을 한다.

마지막은 1%의 연금술사alchemist다. 사회 전반의 변혁을 가져오며 복잡한 이해관계를 흑백논리가 아닌 고차원적인 차원에서 해결할 수 있다.

7단계는 크게 1~4단계와 5~7단계로 나눠 생각할 수 있다. 앞의 네 단계는 관습을 따른다. 모든 것의 중심에 자신이 있고 다룰 수 있는 아젠다의 복잡도가 낮다. 변화를 이끌고 새로운 문화를 만들기 어렵다. 뭔가 변화를 끌어내려면 적어도 5단계는 되어야 한다.

가장 높은 단계인 7단계 리더에는 누가 있을까? 나는 일본 전자부품 전문업체 교세라의 이나모리 가즈오가 연상된다. 그의 관심 분야는 자기 회사가 잘 되는 것에 머물지 않는다. 어떻게 하면 사회에 도움이 될 것이냐가 그의 핵심 주제다. 사회가 잘 돼야 나도 잘된다고 생각하고, 늘 사회에 도움이 되는 행동을 하려고 한다. 일할 때 그는 늘 "이 일이 옳은 일인가?"를 가장 먼저 생각한다. 아무리 큰 수익을 내는 일이라도 옳지 않은 일은 하지 않고, 단기적으로 힘들고 돈이 들어도 옳은 일을 한다. 다음은 사회에 도움이 되는가를 생각한다. 그가 이동통신 업계에 진출한 것, 파산한 일본항공을 살리려 한 것 등이 대표적이다. 모두 사회에 도움이 된다고 생각했기에 한 일이다. 무보수로 80세가 넘은 나이까지 이 일을 한 건 보통 사람들은 할 수 없는 일이다.

당신의 그릇 사이즈는 어떠한가? 혹시 1, 2단계에 있으면서 위대한 기업을 꿈꾸는 건 아닌가? 의식 수준을 높이기 위해서는 '왜 일을 하는지?', '왜 사는지?', '왜 사업을 하는지?' 등 '왜'란 질문을 던져야 한다. 돈이 되면 무슨 일이든 하겠다는 조직과 돈이 돼도 사회에 나쁜 일은 절대 하지 않겠다는 조직이 같은 조직문화를 가질 수 없다. 특히 조직을 이끄는 리더는 더욱 그래야 한다. 거듭 강조하지만, 조직문화는 전륜구동이다. 리더의 의식 수준이 조직의 문화를 결정한다.

조직은 리더를 닮는다

리더들을 많이 만나보면 높이 올라가는 사람에게는 다 이유가 있다. 리더가 겸손하고 따뜻하면 그 조직에서는 그와 비슷한 분위기가 느껴진다. 그 사람을 보면 그 사람의 가정을 짐작할 수 있듯이 리더만 봐도 조직문화가 대충 가늠이 된다. 리더가 곧 조직문화이기 때문이다. 인간적이고 겸손한 사람이 이끄는 조직은 비슷한 사람들이 모여 비슷한 분위기를 만든다. 반대로 오만방자하고 폭력적인 사람이 좋은 조직을 이끄는 모습은 상상하기 어렵다. 이와 관련해 대척점에 있는 두 사람을 살펴보자. 데이비드 보더니스David Bodanis가 쓴《페어 플레이어》란 책에서도 소개한 파울 요제프 괴벨스와 프랭클린 루스벨트다.

나치 독일의 정치인인 괴벨스는 선동의 천재이고 악의 대명사다. 165cm의 키, 야윈 몸에 다리를 절어 어린 시절 조롱을 많이 받았다. 그는 반대자의 입을 틀어막고 불확실성과 분노를 부추긴다. 비평가와 타 집단을 압도적인 힘으로 공격하는 왜곡의 천재다. 제국선전부 장관이 된 후 그가 한 말이다. "무슨 수를 써서라도 지루해지는 것을 피하라. 끊임없이 새로운 소식을 생산하라. 공정성 따위는 고려 대상이 아니다. 주제를 계속 바꿔라. 유대인이 폭행을 당했다면 유대인이 문제의 원인을 제공했기 때문이라고 우겨라. 정책도 계속 바꾸고 기존에 한 말도 자주 뒤집어라." 그는 돌격대장 에른스트 룀을 엄청나게 칭찬하다 어느 날 갑자기 그를 숙청하기도 했다. 영화인들 모임에서 예술의 자유를 억누를 의도가 없다고 했다가 2주 후 예술의 자유를 구속할 목적으로 제국영화원을 만드는 식이다. 그래서 주변 사람들은 어떤 계획도 세울 수 없다. 그의 다음 행보에 모든 사람이 좌지우지될 수밖에 없다. 모두 괴벨스만 봐야 했고 그는 이런 상황을 즐겼다. 그는 늘 거짓말을 했으며, 자화자찬을 즐겼고, 언론을 겁박劫迫해 자기 연설에 대해 칭찬을 하게 했다. 부하들을 지속적으로 괴롭히고 화합을 싫어했으며 분란을 조장했다. 언론탄압, 법원 무력화, 폭력행사 등이 그의 주 메뉴다.

반면 미국의 32대 대통령 루스벨트는 통합의 리더다. 그는 원래 전형적인 귀공자의 삶을 산 연민과 거리가 먼 사람이었다. 29세에 뉴욕주의 상원의원이 됐고 1913년 해군 차관보가 됐으며 언젠가 대통령이 될 거라고 말했다. 사촌인 시어도어 루스벨트도 대통령이 됐는데 자신이 못할 이유가 없다고 생각했다. 명문가의 여성 엘리너와 결혼해 6명의 자녀를 낳았고, 1920년 민주당 대통령 후보가 됐지만, 39세이던 1921년 여름 갑자기 소아마비에 걸린다. 그는 결국 휴양지인 웜스프링스에서 시간을 보내게 된다. 자부심 강하고 민첩했던 그는 움직이지 못하는 소아마비 환자들이 정상인과 같이 식사하지 못하고 지하에서 따로 식사를 해야 하자 전 재산으로 온천과 호텔, 1천 에이커 이상의 땅을 포함한 휴양지를 매입해 소아마비 환자들을 위해 사용한다. 그는 전국에서 온 환자들과 어울리면서 그동안 자신이 몰랐던 세계에 대해 알게 됐다. 소아마비에 걸리고 4년 동안 집을 떠나 있으면서 진짜 세상을 본 것이다. 그리고 1928년경 오랜

재활 끝에 지팡이를 짚고 다시 걸을 수 있게 됐고, 1932년 대통령이 됐다.

과거에만 있는 이야기가 아니다. 현재도 비슷한 일이 반복해서 일어나고 있다. 영화감독 하비 와인스타인Harvey Weinstein은 할리우드에서 정상의 자리에 오르기 위해 약자를 짓밟고 괴롭힌 것으로 유명하다. 넷플릭스에 그를 다룬 특집 프로그램이 있는데 폭군도 그런 폭군은 없다. 하지 말아야 할 모든 일을 완벽하게 다 한 인물이다. 그는 자기 영향력을 이용해 성적으로 모든 여성을 괴롭혔고, 할리우드에서 활동한 웬만한 여성은 다 그에게 시달렸다. 비슷한 업종에 있지만 미국 드라마 〈왕좌의 게임〉의 프로듀서 베르나데트 콜필드Bernadette Caulfield는 그와 반대로 매우 공정한 인물이다. 2012 런던올림픽 개막식을 준비했던 영화감독 대니 보일Danny Boyle도 그렇다. 그는 항상 제작진을 존중으로 대했다. 식사 시간을 보장하고 추가 근무수당을 지급했으며 판단을 중시했다. 비밀 유지를 위해 휴대전화를 압수하지도, 비밀 유지 합의서 따위도 쓰지 않았다.

이들은 세 가지 측면에서 다르다. 첫째, 경청의 기술이다. 고집을 피우는 대신 상대 이야기를 들어야 한다. 경청의 밑바닥에는 존중하는 마음이 깔려 있다. 둘째, 제공의 기술이다. 상대에게 인간적으로 존중하고 신뢰하는 마음을 제공해야 한다. 내가 상대를 존중해야 상대도 나를 존중하는 법이다. 셋째, 방어의 기술이다. 무조건 상대에게 맞추는 것이 아니다. 지킬 건 지켜야 한다.

조직은 리더를 닮는다. 조직문화는 리더 그 자체다. 좋은 조직문화를 갖고 싶다면 자신부터 좋은 사람이 되면 된다. 따뜻하고, 겸손하고, 사람들에게 좋은 질문을 하고, 개인의 유익보다 조직의 유익을 앞세우고, 자신이 속한 사회를 생각하는 사람이 돼라. 당신과 비슷한 사람을 채용하고, 조직문화에 적합하지 않은 사람은 걸러내면 된다. 회의할 때 지난 분기에 얼마를 벌었는지 등 숫자가 아닌 사람과 그 사람들이 일하는 분위기를, 그들이 회사의 가치와 사명을 얼마나 잘 지켰는지를 먼저 보는 리더가 돼라.

조직은 리더를 닮는다.
조직문화는 리더 그 자체다.
좋은 조직문화를 갖고 싶다면
자신부터 좋은 사람이 되면 된다.

손다꾸 문화

근무 시간에 사장이 사무실에 나타난다. 여러 상황을 예측할 수 있다. 첫째, 모든 직원들이 하던 일을 멈추고 일어나 인사를 한다. 둘째, 사장이 온 건 알았지만 묵례만 한 채 다들 하던 일을 한다. 셋째, 일부는 일어나서 인사하고 일부는 그냥 일을 한다. 넷째, 아무도 아는 체를 하지 않고 하던 일을 한다. 당신이 사장이라면 어떤 조직을 원하는가?

정답은 없다. 당신이 출근을 한다. 운전기사가 미리 도착시간을 알리고 직원들이 늘어서 인사를 한다. 당신은 무게를 잡고 아는 체도 하지 않고 건물로 들어간다. 이윽고 직원들은 각자 사무실로 이동한다. 건물 로비에는 '존중, 배려, 자율'이라는 회사의 가치관이 크게 쓰여 있다.

나는 의전을 이해하지 못한다. 물론 외부에서 중요한 손님이 왔을 때는 필요할 수도 있겠지만 매일 보는 직원 간 의전은 낭비일 뿐이라고 생각한다. 그런데 왜 의전에 비용과 시간을 쓸까? 내 생각으로는 윗사람에서 시작됐다기보다는 아랫사람이 윗사람에게 잘 보이기 위해 시작했는데 윗사람이 좋아하니까 그게 전통이 된 것 같다. 엄밀한 의미에서 쌍방이 같이 만든 것이다. 물론 상사가 "왜 내가 출근하는데 늘어서 있는가? 당신들 그렇게 할 일이 없는가?"라는 말 한마디만 했어도 바로 없어졌을 것이다. 의전이 아직 살아 있다는 건 경영진이 용납했기 때문이다. 어쩌면 내심 즐겼을지도 모른다.

의전과 관련해 이우종 전 LG전자 사장의 이야기를 들어보자. 그가 쓴 '손다꾸 문화'의 글을 일부 인용한다.

"개인적으로 싫어하는 단어 중 하나가 일본어인 손다꾸そんたく다. 한자로는 촌탁忖度으로, 그 어원은 시경詩經에 있다. 원래는 '타인의 마음을 내가 헤아린다他人有心 予忖度之'라

는 뜻이나 일본에서 '윗사람이 구체적으로 지시를 내리지 않아도 아랫사람이 눈치껏 알아서 윗사람이 원하는 행동을 하는 것'으로 변질됐다. 나는 이런 손다꾸의 폐해를 잘 알고 있기에 이를 늘 경계했다. 사실 주변에 손다꾸 직원이 있으면 리더 입장에서는 편하다. 내 마음을 알아서 미리 챙겨주니 얼마나 편하겠는가? 문제는 손다꾸 행위가 조직문화를 해치고 전파력이 강하다는 것이다. 가장 큰 폐해는 올바른 소통의 방해다. 비판이나 건설적 소통을 가로막는다. 게다가 전파속도가 매우 빠르다. 한 명의 손다꾸를 방치하면 순식간에 여러 명의 손다꾸를 양산한다. 처음에는 괜찮아 보이지만 이 문화가 조직문화로 자리 잡으면 그 피해는 이루 말할 수 없다. 소통을 단절시키고 조직을 해치는 비수로 변한다. 리더는 소수의 측근 손다꾸에 의존하게 되고 그들은 이러한 특권을 절대 놓치지 않으려 온갖 수단을 동원한다. 조직은 결국 활력을 잃고 서서히 침몰하게 된다.

그렇다면 어떻게 해야 손다꾸를 방지할 수 있을까? 항상 소통 채널을 가동하고 리더가 현장을 직접 관찰해야 한다. 손다꾸가 가장 싫어하는 건 리더의 현장 경영이다. 하지만 과도한 의전은 현장 경영을 방해한다. 나는 조직을 판단할 때 의전 시스템을 본다. 지도자에 대한 최소한의 예의나

보안 문제와 관련한 의전은 괜찮지만, 이를 벗어나 리더와의 소통 콘텐츠를 일일이 살펴보고 좌지우지하는 조직이라면 분명 손다꾸로 망할 것이다. 현장 경영 및 오픈 커뮤니케이션을 정기, 비정기적으로 수행하려 노력하는 리더, 현장의 목소리가 가감 없이 전달되게끔 하는 조직, 듣기 불편한 내용을 포용하려는 문화가 살아 있어야 한다. 쓸수록 명약인 것이다."

손다꾸 문화가 조직에 생긴 건 리더가 그 문화를 허용했기 때문이다. 늘 소탈한 걸 좋아한다고 말하지만, 실제로는 폼잡고, 사람들이 도열하는 걸 즐겼던 것이다. 의전은 그 자체로는 나쁘다고 할 수 없다. 문제는 과도한 의전이다. 리더는 과도한 의전을 하느라 정말 해야 할 일을 못하는 것, 상사의 심기를 살피느라 꼭 해야 할 일을 하지 못하는 것, 이런 것들이 쌓이고 쌓여 조직의 성과를 잡아먹는 걸 늘 경계해야 한다.

기업의 미래를 좌우하는 조직문화의 힘
무엇이 최고의 조직을 만드는가

초판 1쇄 발행 2022년 7월 20일

지은이 한근태
펴낸이 성의현
펴낸곳 (주)미래의창

편집 주간 김성옥
편집 진행 김효선
디자인 공미향
홍보 및 마케팅 연상희 · 김지훈 · 이보경

출판 신고 2019년 10월 28일 제2019-000291호
주소 서울시 마포구 잔다리로 62-1 미래의창빌딩(서교동 376-15, 5층)
전화 070-8693-1719 **팩스** 0507-1301-1585
홈페이지 www.miraebook.co.kr
ISBN 979-11-92519-02-9 03320

※ 책값은 뒤표지에 있습니다. 잘못된 책은 구입하신 서점에서 바꿔 드립니다.